小程序时代

刘向南 / 编著

清华大学出版社

北京

内 容 简 介

2017年是小程序元年，小程序必然会加速整个线下商业的互联网化过程。小程序的诞生使得微信生态形成闭环，而中国互联网也即将进入一个新时代——超级APP内置应用Web化的时代。微信是超级APP中的佼佼者，微信小程序更是这种Web化解决方案的先行者，紧追其后的还有支付宝等其他超级APP。

相比而言，微信小程序对社会的影响力比其他竞争产品要有力度的多；从微信小程序入手，足矣一窥小程序时代的概况。小程序时代最重要的八个关键词分别是：革命、生态、场景、战略、系统、产品、运营、融资，这是每个小程序创业者都绕不开的。本书用八章逐一拆解这八个关键词，全面解读小程序的新动态与新理念，携手创业者共同迈进小程序时代。

图书在版编目（ＣＩＰ）数据

小程序时代 / 刘向南编著. -- 北京 : 清华大学出版社，2017（2018.7重印）

ISBN 978-7-302-46485-3

Ⅰ．①小… Ⅱ．①刘… Ⅲ．①电子商务—教材 Ⅳ.①F713.36

中国版本图书馆CIP数据核字(2017)第017126号

责任编辑：陈绿春
封面设计：潘国文
责任校对：徐俊伟
责任印制：刘海龙
出版发行：清华大学出版社
　　　　网　　　址：http://www.tup.com.cn，http://www.wqbook.com
　　　　地　　　址：北京清华大学学研大厦A座　　　邮　　编：100084
　　　　社　总　机：010-62770175　　　　　　　　邮　　购：010-62786544
　　　　投稿与读者服务：010-62776969，c-service@tup.tsinghua.edu.cn
　　　　质　量　反　馈：010-62772015，zhiliang@tup.tsinghua.edu.cn
印　装　者：三河市铭诚印务有限公司
经　　　销：全国新华书店
开　　　本：170mm×240mm　　　**印　　张：**14.75　　　**字　　数：**199千字
版　　　次：2017年3月第1版　　　　　　　　　　**印　　次：**2018年7月第8次印刷
定　　　价：49.00元

产品编号：072294-01

前　言

2017 年 1 月 9 日凌晨，微信小程序上线。对于互联网人而言，这是一个值得记住的时刻，一个全新的互联网生态从此诞生了。对于传统企业而言同样也值得记住，一场传统企业互联网转型的浪潮也即将开始。从 Web 网站到 APP 再到微信小程序，中国互联网人用短短不到 20 年的时间，就使中国的商业环境发生了翻天覆地的变化。这值得我们骄傲。

未来的小程序时代，绝大多数的创业者再也离不开微信和它的小程序了，这并不是危言耸听。其实进入移动互联网时代之后，场景技术的快速迭代便不断影响着中国商业环境的变化。场景技术迭代影响最大的不是社交、直播、游戏、小视频这种纯粹的互联网创业，而是原本就在线下提供服务或销售产品的传统企业。很多互联网 + 的"独角兽"项目就是伴随着场景技术的迭代而生的。

但作为场景链接工具的 APP 和移动网站、公众号都无法同时彻底满足创业者低成本和体验好的双重需求。因为，场景革命的红利一直和绝大多数传统企业及中小微创业者没有什么关系。小程序作为新生态下的场景链接工具，给了创业者充分的想象空间。

首先是人尽皆知的低成本。基于微信的生态，小程序完全可以做到低成本开发、低成本推广。小程序的低门槛使传统企业转型升级的难度降低了很多，同时对于有创意、有产品服务提供能力却缺乏资金和技术的创业者而言，实现自己想法的难度也大幅降低了；

其次是正在发生的新生态。如果没有微信生态作为背后的支撑，即使小程序的成本再低，也不能成为互联网创业的必备要素。微信丰富和开放的生态给了创业者很多商业创新的可能。

小程序是一个革命性的场景链接工具，所以自然也会带来想象不到的场景红利。就目前来看，先知先觉的人看起来很多，但未必都可以在这次场景革命中获得红利，更多的人可能是起个大早赶个晚集，最终一无所获。

对于抱着投机心理创业的人而言，小程序谈不上是一个机会。小程序的机会更多属于在思想上和资源上有双重准备的人。不像公众号、微博这种平台可以进行偏内容的创业，小程序更适合能够提供产品和服务的创业者。因此，原本就已经走在路上的创业者可能更容易通过小程序加速自己的创业进程。

小程序时代最重要的 8 个关键词分别是革命、生态、场景、战略、系统、产品、运营、融资。每个关键词都代表了小程序时代的一个新动态和新理念。这本在小程序上线后第一时间写的书，将会从这8 个角度解读小程序时代，帮助创业者用最短的时间找到应对策略。作为一本应景之作难免有些失误和不足，希望各位创业者和专家多多指正。

作者

第 1 章　革命

1.1 从 PC 到微信 002

1.2 小程序的力量 006

    1.2.1 信息获取能力 007

    1.2.2 场景链接能力 009

1.3 微信 OS 011

第 2 章　生态

2.1 微信进化 019

    2.1.1 微信危机 019

    2.1.2 价值升级 024

2.2 公众号矩阵 029

    2.2.1 订阅号 031

    2.2.2 服务号 032

    2.2.3 企业号 033

2.3 微信小程序 035

    2.3.1 超级链接器 035

    2.3.2 小程序大事记 041

目录 CONTENTS

第 3 章　场景

3.1　场景红利 046
3.1.1　何谓红利 046
3.1.2　何谓场景 047

3.2　应用场景 052
3.2.1　线下场景 053
3.2.2　线上场景 055
3.2.3　混合场景 058
3.2.4　场景限制 059

3.3　创业机会 062
3.3.1　创业者的机会 062
3.3.2　服务商的机会 070

第 4 章　战略

4.1　价值分析 076

4.2　需求分析 081

4.3　竞品分析 088

第 5 章　系统

5.1　商业模式 *093*

    5.1.1　盈利模式论 094

    5.1.2　价值创造论 094

    5.1.3　业务系统论 095

5.2　业务系统创新 *100*

5.3　社区商务 *105*

第 6 章　产品

6.1　官方文档 *111*

    6.1.1　开发文档 111

    6.1.2　设计指南 114

    6.1.3　运营文档 117

6.2　产品设计 *120*

6.3　产品迭代 *124*

    6.3.1　迭代的原因 125

    6.3.2　迭代的流程 126

第7章 运营

7.1 运营理念 130

7.1.1 场景构建 131

7.1.2 产品链接 132

7.1.3 运营和营销 133

7.1.4 运营和品牌 134

7.1.5 运营和产品 134

7.1.6 运营和战略 135

7.2 运营规则解读 137

7.2.1 小程序入口 137

7.2.2 外链跳转问题 140

7.2.3 去中心化问题 140

7.2.4 小程序与公众号 141

7.2.5 推送消息问题 141

7.2.6 小程序分享问题 142

7.2.7 附近的小程序 143

7.2.8 客服功能 144

7.2.9 扫一扫功能 144

7.2.10 参数二维码 144

7.3 运营策略 145

7.4 内容运营 151

7.5 社群运营 155

7.6 用户运营 159

7.6.1　把握客户的期望 161

7.6.2　提高客户的体验度 162

7.7　市场运营 164

7.7.1　文案营销 166

7.7.2　视频营销 167

7.7.3　H5 营销 167

7.7.4　活动营销 168

7.8　品牌运营 169

7.8.1　品牌定位 174

7.8.2　品牌传播 176

7.8.3　品牌维护 179

第 8 章　融资

8.1　融资理念 182

8.2　风险投资 189

8.2.1　项目估值 189

8.2.2　商业计划书 194

8.2.3　项目路演 PPT 202

8.3　股权众筹 206

8.3.1　股权众筹流程 206

8.3.2　股权众筹实操 217

第1章

革命

1.1 从 PC 到微信

这是一场来自互联网后半场的创业革命。2017 年 1 月 9 日，微信小程序正式上线；自此创业圈像炸了锅一样热闹非凡，和圈内朋友相聚有一种无小程序不成局的感觉。在绝大多数互联网圈内的人看来，微信小程序的上线在互联网发展史上是一个分水岭，自此互联网的后半场开启了。

但互联网行业毕竟只是一个狭小的圈子，相对于微信小程序即将给整个商业领域带来的变革，互联网人敏锐地先行一步最多只能算得上听到了第一声春雷。从 PC 时代到移动互联网时代再到微信等超级 APP 的寡头垄断，中国互联网已经经历了 20 多年的历程，只有明白了中间走过的每一步，才能明白微信小程序即将带给商业领域的翻天覆地变化。

个人计算机时代是互联网发展的前身，那个时候互联网还没有普及，个人计算机最主要的作用是娱乐和工作的工具。后来很多知名的互联网人在那个时期以做 PC 端软件为主。互联网没普及意味着 PC 还不存在链接各类生活场景的能力，早期 PC 软件主要是为了方便使用计算机。很多响当当的人物都是那个时期崛起的，求伯君之于 WPS、张小龙之于 Foxmail、史玉柱之于巨人汉卡。除了这些，还有很多 PC 端的游戏和视频压缩、播放工具等。说起来已经是 20 世纪的事情了。

　　进入了 Web 时代后，计算机除了用于工作之外，最重要的作用就是上网，通过网络实现用户娱乐和生活的需求。当然 PC 时代的软件依然在继续发展，但与此同时更多的 Web 网站开始崛起。PC 软件和 Web 网站之争拉开序幕，那时很多人购买计算机的首要目的是上网和娱乐，而 Web 网站的出色内容和资源聚合能力渐渐把大部分的 PC 软件淘汰或替代。

　　张小龙在 2000 年把 Foxmail 卖给了一家叫博大的公司，很多 PC 软件也都逐渐消失于用户的计算机桌面。新浪、搜狐、优酷等门户级别的网站慢慢崛起。PC 软件之所以在 Web 网站兴起后没落的很重要的原因就是后者更方便，而且"几乎能解决一切问题"；而前者的使用体验就明显差多了。首先，PC 软件需要下载、安装；其次，PC 软件需要不断更新；最后，很多 PC 软件存在各类安全隐患，下载的时候随时可能面临计算机中毒的危险。还有一个更重要的因素——网络带宽有了明显的提升，直接通过 Web"解决一切"的可能性得到极大的提升，Web 网站在线邮件管理系统完全可以解决用户需求，而且既不用下载也不用升级维护。Web 网站的时代其实是满足了用户更为便捷地上网和使用计算机的需求。PC 软件走下坡路是一个必然的趋势，越来越多的用户在使用计算机的时候不会考虑使用 PC 软件了。

Web 时代的搜索、电商、新闻门户是最主流的模式，共同奠定了那个时候的互联网格局。当然以下几类 PC 软件也依旧活得很好，例如，杀毒软件、办公软件，还有社交软件等。

第三个阶段应该说是由乔布斯引领的智能手机时代。乔布斯的苹果手机开启了全球智能手机的时代，而智能手机无论是功能还是体验都可以在某种程度上替代 PC，尤其是只满足上网和生活需求的时候。

于是越来越多的用户通过手机来替代 PC 的很多功能，逐渐，互联网进入了移动互联网时代。移动互联网时代的上半场和 PC 软件时代很像，APP 软件之于智能手机和 PC 软件之于 PC 基本是一个道理。很快，除了独立 APP，PC 时代的网站巨头也开始进军智能手机领域，UC、百度、搜狐、新浪都开始做移动端的 APP。但不同于 PC 时代，这些网站时代的巨头并没有成为移动互联网上半场的巨头，由于种种原因，无论国内还是国外，移动社交 APP 成为了移动互联网上半场最大的流量入口，无论是微信还是微博、陌陌，都是强社交属性的 APP。

智能手机时代互联网领域的格局基本上是以社交为主的，电商次之，而搜索和门户已经被弱化，同时也出现了大量的生活服务类 APP，如美团、去哪儿等，还有更多不出名却有部分忠实用户的 APP。

第四个阶段就是移动互联网的下半场，同样也是互联网的下半场，也就是超级 APP 时代。通过超级 APP 作为流量入口，同时基于超级 APP 的 Web 化解决方案来实现用户的所有需求。微信和它的小程序开启了这个时代。

从微信公众号时代开始，微信已经开始引领了移动互联网下半场的预热，但公众号只是替代了资讯类的 APP 和 PC 端的很多新闻门户，并没有全方位地替代所有 APP。小程序无论是开放接口，还是从微信本身的用户储备上，都足矣撼动大部分 Web 网站和绝大多数 APP。可以说，小程序具备颠覆绝大多数互联网应用的能力。当然，虽然微信基于小程序的 Web 化解决方案迈出了第一步，但其他超级 APP，如微博、支付宝、今日头条、陌陌、钉钉、UC，也同样有机会在自己的平台上构建小程序，共同迈进这个时代。

1.2　小程序的力量

小程序可以抽象地理解为基于超级 APP 微信的 Web 化解决方案。在小程序之前，微信的公众号、今日头条的头条号、百度的直达号都是类似的解决方案。只不过，小程序是目前为止应用领域最广泛、场景技术能力最强的，算得上质的飞跃的解决方案。通过微信作为流量入口，小程序旨在做一个移动场景下的超级链接工具。微信则可以拿小程序作为突破口成为一个类操作系统。

小程序最可能颠覆的两类产品：第一类是移动端的竞争对手，例如，百度直达号、支付宝；第二类是 PC 端的搜索引擎和很多个人网站。正如张小龙所说，理解小程序最容易的方式就是参照 PC 时代的网站，说明小程序在功能上可以某种程度上替代 PC 时代的很多网站。小程序颠覆这两类互联网业态的主要力量来自两个方面：信息获取能力和场景链接能力。

1.2.1　信息获取能力

信息获取能力原本是 Web 时代门户网站、搜索引擎最核心的能力。公众号一役，很大一部分门户网站和媒体类 APP 都退出了互联网舞台。但除了新闻资讯以外的其他各类生活信息，还是需要依托搜索引擎的，所以搜索引擎一直从 Web 时代存活到移动互联网时代。

但微信小程序加上微信内搜索，基本可以满足用户生活信息获取的需求。这对百度等搜索类企业的影响将是巨大的。微信内部搜索是由其收购的搜狗团队来做的。搜狗虽然在搜索引擎领域地位不如百度，但就微信内部的生态来看，小程序批量起来后加上内置的搜狗搜索基本等于 Web 时代的百度和网站的关系，而且很多中小网站也会开始做小程序，微信替代百度的可能性就会越来越大。

最主要的是，微信基于百度的前车之鉴可以把搜索的体验做得更好。百度面临的很多已经社会化的问题，微信可能就不会遇到了。一开始微信就严格限制小程序搜索，也不做干扰用户的任何推荐。单凭这一点，微信内搜索的用户体验会明显好于百度。只要小程序的体量足够大，用户会越来越愿意基于微信搜索而满足信息获取的需求。

张小龙公开表示，微信不会做苹果的 App Store，微信做的只是一个工具。但是，一旦这个工具强大到可以替代搜索成为用户获取信息的入口，互联网的格局肯定会有所改变。

在微信内部通过搜索打开小程序的路径只有两个：一个是用户记住名字直接搜，与搜域名或网站名称是一个道理。小程序也有 ID 号和名称，一个是搜索相关关键词，这个和在百度上搜索关键词是一样的道理，但是微信根据搜索的关键词到底如何做排序是一个非常重要的事情。可以肯定的是，百度以下两个弊病在微信里基本不会看到。

1. 过度商业化

过度商业化带来的问题很明显，导致用户体验不好。如果在百度上搜某个品牌，通常第一时间出现的不是这个品牌的官网，而是竞品购买关键词之后显示出来的广告。这个很明显是不正当竞争的一种表现形式。

百度最大的问题是什么？不是未来十年的商业变现，也不是百度集团的估值会下降，而是百度最初始时的核心价值"给用户输出精准的搜索结果"现在已经很难实现了。越来越多的用户已经不相信百度的搜索结果了。

根据张小龙目前的公开表态，短时间内微信也不大可能通过搜索排名做商业化的变现，要最大限度地考虑用户体验。换句话说，微信短时间内不会利用搜索排名挣钱。

2. 排名机制有漏洞

无论是早期的"黑帽玩法"，还是现在的各类 SEO 玩法，其实都是一种排名机制的漏洞，用户基于搜索排名得到的信息很多是经过技术处理之后的结果。在搜索排名的机制上，微信会利用好手头的大量用户社交数据和未来海量小程序沉淀的数据做更科学、更精准的推荐。微信的数据体量和其掌握的数据分析技术，足矣让微信最终成为一个庞大的数据公司。

1.2.2　场景链接能力

在小程序上线以前，微信的场景链接能力就比较强，但是还没有能力链接绝大部分场景。场景链接能力是一种打通用户和服务的能力。移动互联网时代崛起的很多APP都是打通用户和生活服务的平台。小程序的崛起会给这些企业带来一定的压力。

张小龙最看好小程序的能力就是场景链接能力，甚至还为此表态，微信拒绝成为平台，只做工具，以此强调微信的工具属性，这个工具属性在小程序身上就是链接场景。移动互联网上半场的主要新兴商业模式都是围绕场景链接来的，线下用车场景造就了"滴滴打车"，出差住宾馆的场景造就了"去哪儿"，办公室、家里叫外卖的场景造就了"美团""饿了么"。小程序会加速提升整个移动互联网链接场景的能力。

在张小龙看来，所有的应用程序应该是一种无处不在，可以随时访问的状态。广为流传的张小龙关于小程序的解读——"什么是小程序？小程序是一种不需要下载、安装即可使用的应用，它实现了触手可及的梦想，用户扫一扫或者搜一下就能打开应用，也实现了用完即走的理念，用户不用安装太多应用，应用随处可用，但又无须安装、卸载。"链接一切场景，并不是微信和它的小程序一家可以完成的。但就目前来看，微信小程序肯定是未来所有超级APP中最强的场景链接工具。

随着上网工具从手机慢慢变成VR设备等其他智能移动设备，移动互联网会进入下一个形态中。小程序这种用完就走的特性，优势可能会更加明显。张小龙曾经畅想智能眼镜的未来——"当眼镜变得非常智能化的时候，可能整个PC或者计算机的系统会藏在一副眼镜里面，它的屏幕可能比我们现在的手机屏幕还要大，甚至比PC的屏幕还要大。不过这可能是十年以后的事情了，十年以后的技术可能可以做到把一个非常大的屏幕投到视网膜上，我们通过眼镜可以看到一个非常大的完整屏幕，日常我们就戴着这样一个眼镜到处跑，大家想一下这样一副眼镜是什么样的系统在运行？当我想到十年以后的场景，我会想那个时候眼镜背后的系统、它的应用程序的使用方式应该跟现在不太一样了。我对它的期望是什么呢？我更加希望的是眼镜里面不要再给我一些安装应用程序这样的过程，因为那样很不自然，也不方便，我更加希望我的眼睛看到哪里，相关的应用程序就到哪里。举个例子，假如我看到房间里面的一盏灯，我想让这盏灯关掉或者打开，当我透过这样一副很智能的眼镜看到这盏灯的时候，我会希望在那个灯的上方出现一个虚拟的开关，我甚至可以用眼镜去控制这样一个开关。那个开关是什么东西？它其实是出现在真实物体上面的一个应用程序。当我看到这盏灯的时候，它的开关应用程序就自动出现了，同样的，你可以想象非常多的场景。当你走到一个公园的门口时，可能公园门口会出现公园门票的应用程序，也就是说当你看到任何一个眼睛能看到的实物时，这个实物背后的信息和应用程序都会自动浮现，你通过眼镜或者别的方法控制这样的应用程序，去启动它，去运行它。"

这是对未来的想象，但其实技术上已经完全可以实现了。只不过和很多技术一样，从人类开发出来到用户接受，再到商业化普及需要多长的路要走，很难预测。但可以预测的是，当微信和它的小程序在短时间内将信息获取能力和场景链接能力基于手机无限放大后，便足矣改变这个时代并引发商业领域和生活领域的革命了。

1.3 微信 OS

在小程序测试阶段，很多人就认为微信想基于小程序打造一个庞大的应用分发平台，借此与苹果应用商店抗衡。很多人乐观地认为，这样第一批做小程序就会有不少流量红利。小程序上线前夕，张小龙明确表明微信不做平台做工具的态度后，很多人又开始悲观起来，觉得小程序可能没有期待的那么好。其实这都是对微信战略的不理解，张小龙口中的工具只是看似低调的表述，而实际上想打造一个可以运转程序的程序，这个被称为工具的程序本质上是一个操作系统，远比一个应用商店的想象空间大得多。

张小龙的野心或者说情怀实现的第一步就是小程序的顺利推广，一旦小程序的接受程度能够达到公众号的体量，微信已然就是实质意义上的操作系统了。张小龙说："我其实之前花了很多年的时间去写程序，我认为自己是一个程序员，所以我一直认为做程序员的那段时间特别宝贵，因为当你做一个程序的时候可以进入一个不太一样的世界，你用一个程序的语言在虚拟世界里构造一个完全虚拟化的产品出来。我相信很多程序员都会有一个梦想，除了自己去写一个程序，我们能不能再去写一个能运行程序的程序，这是很有意思的事情。通常来说可以运行程序的程序，通常意味着是一个操作系统，我并不认为我们有能力去做一个操作系统，但是我们可以有机会在某种程度上做到一个可以运行程序的程序，那对一个程序员来说，是非常自豪和兴奋的，我今天就是怀着这样的一种心情。"

在这里，张小龙一贯低调地表达自己不奢望有能力做一个操作系统，但自己会努力去做一个类操作系统的程序，一个可以运行程序的程序。不管张小龙主观上多么低调，客观上可以理解为微信已经以小程序为突破口开始构建自己的生态系统了，我们可以称其为WOS。

如果能基于现在的操作系统框架搭建一个独立的类操作系统，必然是互联网发展史上具有革命意义的一个事件。不过，这种基于底层操作系统做类操作系统的尝试并非微信的创举，很早之前就有类似的尝试。可以说，构建自己的生态是每一个互联网流量巨头的梦想，但大部分都以失败而告终。

从 Web 时代开始，国内外浏览器、搜索引擎的巨头就开始尝试打造自己的 OS。浏览器的尝试基本都失败了，最具代表性的就是 Chrome 关于 Chrome OS 的尝试，后来国内浏览器巨头也做过此类尝试，效果同样差强人意。浏览器的产品核心价值是为用户获取资讯。在用户的认知中，这只是一种提供单向信息流动的解决方案，无法像社交产品一样解决信息互动的问题，当然更不可能像社交产品一样具备构建用户关系链的能力。通过浏览器入口尝试链接一切场景很难，在 PC 鼎盛时代就无法实现，到移动互联网时代浏览器失去流量寡头地位的时候就更无法实现了。在浏览器从提供获取信息解决方案到尝试提供服务解决方案的过程中，有明显的组织能力和资源能力的不匹配，也存在产品核心价值的不匹配，失败是必然的。

搜索平台也做过不少尝试，比浏览器略好，但也都以失败告终。具有代表性的就是百度的直达号。搜索引擎的核心价值是为用户提供自主搜索获取信息的解决方案，做搜索的企业比做浏览器的企业更容易做生态和 Web 化解决方案。理论上讲，谷歌和百度做直达号这种类似的 Web 化服务解决方案的胜算要大于 Chrome，毕竟用户在搜索某个关键词时其实也是一个可能和服务链接的场景。不过百度并没有投入太大的资源，再加上 PC 时代过渡到了移动互联网时代，百度已经不再是移动端的一个超级流量入口，百度直达号的尝试也并没有成功，但已经离今天的小程序又进了一步了。

移动互联网时代基本是社交控制流量入口，而微信基本占据了熟人社交的龙头地位，活跃度过 8 亿人就可以看出微信用户的高黏性。一旦在平台内部建立了社交关系链，微信自然就具备了移动互联网时代的流量垄断地位。移动互联网时代，社交产品最容易成为广泛的场景链接工具，无论是微信还是 QQ、微博、陌陌、钉钉，甚至是人人，但相对而言，微信的可能是最大的，也是最早开始尝试的。

微信通过社交工具的属性构建了海量高黏性的用户关系链和海量的用户数据，只要小程序和公众号产品可以更广泛地接入各类服务提供商并提供各类场景的技术支持能力，很容易实现裂变。所以搜索、浏览器推不动的超级 APP 内 Web 解决方案，微信是可以推进的。

不过，占据了流量的入口不代表就能立刻占据用户的心智。微信想打造的生态不能是单向的，还应该让用户可以从心理上接受微信是一个 OS 量级的产品。在高性能智能手机还没有完全普及的今天，通过应用市场下载 APP 来解决自己需求的用户毕竟还是少数。这个阶段如果微信能够快速打动用户，让用户认为微信是可以提供一切在线服务的一个平台，实现既定目标会更容易一些。

这个过程是拉拢部分用户也是透支另一部分用户的过程。过多的嵌入功能和改变产品形态，会使产品变得比较臃肿。有可能很多用户会因为关系链绑定不得不使用微信，但同时会从心理上排斥微信作为一个超级生态的存在。最可能发生的事情就是，排斥心理的用户会重新启用其他 APP 来解决其生活工作中的问题，最典型的就是钉钉、支付宝甚至其他某个新的平台。当然更多的用户会慢慢习惯微信生态的存在。一旦微信建立了这个生态壁垒，任何一家互联网产品都无法撼动其地位了。

构建 WOS 的生态不是一步到位的。WOS 的雏形其实在之前说的资讯平台的阶段就出现了，虽然新媒体的崛起未必是微信意料之中的，但经过这三年多的沉淀，微信已经构建了一个完整的内容消费和内容创业的生态圈。当我们再说内容创业时，基本都是指基于微信生态的内容创业。

截至目前，没有一家互联网平台可以聚合这么多的媒体资源，并扮演这么重要的媒体功能。微信已经替代了绝大多数的内容类网站和 APP，在内容领域其实已经算得上是一个比较完整的生态了。但内容消费只是人们生活场景中很小的一部分，微信布局小程序才是 WOS 正式揭开序幕的时候，也就是小程序时代。微信布局小程序的同时，也会助力公众号、微信社群的再次成长，形成掎角之势。这是微信走向世界互联网巅峰的机会，可能也会是中国互联网发展的一个分水岭。

张小龙说过："我们是希望建造一个森林，而不是说我们要建造一个自己的宫殿出来。森林是一个环境，能让一些生物在森林中自由生长，但它们不是我们培育出来的。"微信成长至此，已经具备了颠覆很多互联网生态的可能。不管我们是否愿意承认，一旦WOS初具规模，中国互联网的未来将会再也离不开微信和它的小程序。届时再回望今日，创业者必然会感慨此刻的关于小程序的一切选择。

第2章

生态

从宏观的视角看，微信 OS 是互联网生态的一次革命，并会因此改变国人上网和生活的很多习惯。对创业者而言，小程序的诞生使得微信变成一个有着完整闭环的创业生态，了解微信生态将成为未来创业者的必修课。

　　微信志在成为移动互联网时代最强大的场景链接工具，这也许还需要一些时间，但目前的微信对于中国创业者而言，已经是最强大、最完整的创业生态了。除了苹果，微信是唯一一家有着完整闭环创业生态的互联网企业，绝大多数的基于互联网的创业都可以在微信生态圈内形成闭环。

　　小程序时代已经到来，创业者又将如何应对呢？首先需要做的就是对微信现有的生态做一个全方位分析。小程序时代的创业不是做一个小程序那么简单，而是需要充分利用微信生态内的各类资源，熟悉基于微信生态圈的创业方法论和转型方法论。下面从三个环节入手，来了解微信的生态。

2.1 微信进化

2.1.1 微信危机

就国内互联网行业而言，微信当初的竞争对手早已被其甩在身后。无论是微博、陌陌、人人网，还是友军QQ，微信在成长速度和用户体量及可扩展性上都已经遥遥领先。

从一款陌生社交产品进化为一款熟人社交产品，进而又快速成了一个不可替代的即时通信工具和资讯平台，并开始很顺利地商业变现。从一款社交产品的角度看，微信已经成功了。但如果把微信当成互联网的入口和一个全新的互联网生态来看，却危机重重。一言以蔽之，微信危机其实就是微信产品和微信团队在其生命周期到了一定阶段必然遇到的瓶颈。任何一款互联网产品都有其生命周期，微信也不例外；任何一个团队也都有其组织能力瓶颈，微信团队同样也不例外。

如今的微信不再是可以用某个单一价值来诠释的产品了，微信已经逐渐走向了一个全新的互联网生态。这个时候产品走向是否正确、组织能力是否可以承载战略都将会是微信面临的危机。微信危机有 4 个比较明显的方面。

1. 红利期结束导致增长减速

社交产品最早的红利是政策红利，因为种种原因国外先行的互联网社交巨头无法进入中国，微信和同时期的其他国内社交平台都借此机会得到了快速发展。接着是智能手机的普及带来的移动互联网红利，这个阶段也持续了数年，也是微信发展最快的数年。期间，友军 QQ 为微信导入了最早的一批用户，前期运营裂变的基础其实也都是基于这些用户的，这也算得上是红利。

截至今天，已经吸纳 8 亿多用户的微信，无论是政策红利、行业红利，还是友军红利都基本用尽了。8 亿多用户的体量，意味着中国会用智能手机的人基本都在使用微信，这个瓶颈基本上无法逾越了。

想突破用户红利，找到新的增长点，无外乎两种办法，一是进军国外市场和 Facebook 等各国社交巨头进行竞争，做本土化的 WeChat；二是深挖国内市场现有用户，丰富产品形态，升级产品核心价值。

2. 用户成长和用户圈层改变

除了用户红利期结束，微信增长减速也受用户成长和用户圈层改变两方面影响。社交产品会面临用户成长的问题，如果不和用户一起成长，黏性肯定下降，进而被其他新的社交产品替代。

而用户圈层的改变是一个社会趋势，对于新用户圈层而言微信不是一个必然的选择，即便被即时通信和社交功能绑定，新用户一样可以选择不投入那么多的时间在微信上。

是伴随老用户一起成长，还是适应新的用户圈层其实会是一个很难抉择的事情。这些问题，人人网、陌陌、QQ、微博都曾经面临过。人人网的没落已经成为了产品战略失败的代表。陌陌虽然坚守原有产品形态并没有完全没落，但始终没有摆脱一个怪圈——用户对于陌生人社交和兴趣社交的需求既不持久也不强烈，终究错失了最佳的增长时间。

作为微信友军的QQ则选择和用户一起成长，用户需要什么就给什么，如今俨然有了一个庞大的QQ生态，商业变现也非常好，但产品已经极其臃肿，用户体验下降。微博则是为数不多的跳出了这个怪圈的社交产品，并没有选择和最早的一批用户一起成长，而是逐渐改变产品的核心价值，如今媒体属性已经强于社交属性，也占领了一个细分领域的高地。

微信将如何跳出这个怪圈，我不知道，但可以肯定的是，微信断然不会走陌陌和人人网的老路，也不会像QQ一样被用户拖着走，更不大可能像微博一样转变核心形态后偏安一隅。就目前来看，微信肯定会朝着更大的生态想象空间做产品价值升级。

3. 价值升级致使产品功能过载

产品形态是产品价值的外在体现。微信想做一个生态森林的宏愿必然会使产品形态不断改变，微信会基于用户反馈和自身战略不断叠加新的功能，届时产品功能过载必然会发生。

此外微信已经不仅仅是用户的，也是微信生态内所有创业友商的，在其构建的互联网生态中，利益关联方非常多，难免不会受友商影响为了商业化做一些价值层面的调整。届时用户体验将会成为一个非常严重的问题。不过，既然选择远方就不要怕星夜兼程，不断提升组织能力也许能解决这个棘手的问题。

4.战略升级导致组织能力升级

微信团队组织能力是否可以适配微信的战略升级，这个暂时无法评价。但是当一款社交产品变成了一个上网的入口时，其扮演的社会角色就产生了很明显的变化，对组织能力的要求就会完全不同。如果组织能力不能匹配新的战略，同样会危机重重。

早期的微信用户体验至上。对团队组织能力的要求是：用户研究能力、敏捷开发能力、功能模式创新能力等。如今微信战略已升级为构建微信生态，而这个生态里不仅仅有用户，也有成千上万的围绕微信生态创业的友商，他们都是微信生态的重要组成部分，甚至还有不少政府机构、文化机构、公益组织、宗教组织等。构建生态需要有社会担当，而社会担当不仅仅是一种情怀更是一种能力。

战略升级后的微信，对团队组织能力的要求必然有所变化和提升。除了原有的组织能力外，还需要团队具备以下能力。

1.规则设计能力

规则设计就像是在虚拟国度里立法，需要的是立法能力。只有科学和公允的立法，才能保证各方利益的平衡。规则制定需要更多有社会科学背景的人才，单纯产品或运营团队很难出色完成。

2. 产品平衡能力

产品功能过载是一个必然趋势，在这个过程中，如何能够让团队始终保持从上而下、一以贯之的战略视角，适时做出合理的取舍，是微信团队必须具备的能力。

3. 生态建构能力

想建构和苹果一样的生态，就需要和苹果公司一样水准的团队、一个可以和微信产业链上下游的各利益相关方打交道的团队。说到底，微信危机最终是人的问题。微信的崛起和QQ、微博、陌陌不同的是，微信是基于友军庞大的用户基础之上发展起来的。

就目前看，微信团队的产品运营能力是一流的，但是否具备构建生态的能力现在还无法评判。从腾讯集团内部两款产品的成长对比看，QQ是稳扎稳打、从0到1并做大做强，团队构建产品生态圈的能力是非常强的。张小龙带领的微信团队，并没有真正地经历从0到1的过程，成长速度非常快，产品创新力很强，但是否具备战略规划和生态圈搭建能力，我们只能拭目以待。

"弱水三千，只取一瓢饮"，用来劝告世人当减少个人欲望和事业涉猎领域，进而规避各种意想不到的烦恼和危机。从企业的视角看，某个细分领域的"独角兽"企业选择只取一瓢饮，守好一亩三分地是可能的，但微信已经不可能了，在即时通信和熟人社交领域已经无"寡头"可言的情况下，微信早已被社会各界定义成为了一个互联网入口级的产品，其中牵扯利害已不是一亿体量内的产品所能比拟的。微信已经不是张小龙个人的，也不是马化腾的腾讯集团的，微信属于整个社会。

在我看来，张小龙的小程序是微信变危机为机会的一个战略级产品，也是产品价值升级的重要一步。只要在腾讯集团内部和外部友商中得到足够多的支持并稳步前行，微信和小程序的前景必然是乐观的。

2.1.2　价值升级

一款产品价值升级的方向也代表了企业战略的走向，梳理微信产品价值演变的脉络，便可以一窥微信的未来。

关于微信的战略定位，张小龙认为是一个工具而不是一个平台。关于此，张小龙是这么解释的："在同事们的心目中，微信并不仅仅是一个工具，大家认为微信是一个平台。但我认为微信是一个工具，这是一个非常宏大的目标，我并不认为一个工具是一个很低层面的东西，事实上人类从原始人进化到智人的过程，就是因为人会制造工具，我们所用的绝大部分的产品本质上来说都是工具，但是工具有好坏之分，能够做一个非常好的工具其实难度是非常大的，但是如果说我们要做一个平台，我会不知道我们要做什么？"张小龙在很多场合都阐述过类似的价值观，可以说这种价值观一直贯彻于微信产品价值升级的主线。

工具而非平台，看上去是一种极为克制的产品观，但其实是一种理性和平衡的态度。在很多人评论微信团队的克制时，张小龙个人并不以为然，他认为克制更多的是一种作茧自缚的含义，而微信在做产品时出现的很多取舍并非是刻意的克制自己，而是为了让微信更加平衡。微信团队是典型的秉承用户至上理念的产品经理思维团队，可以说张小龙是实力派里最理性、也最理想的产品经理。 但由于用户体量过大，微信产品需求几乎来自于全体网民对微信的期望。在处理用户需求时，更多的是舍。所以张小龙才说做任何决策的时候更在意的是合理性，舍弃很多曾经想做的事并非是克制，而是曾经想做的未必是后来也觉得合理的。

一个产品的核心价值除了受创始人理念和用户的影响外，同时也会受因商业变现需要带来的各种影响。能够在这个方面影响微信的不多，除了来自腾讯集团顶层外，就只有和微信有投资关系的金融机构了。虽然现在微信并没有在商业化的路上走得太急，但资本市场和腾讯集团不全然和张小龙一样秉承用户体验至上的产品经理思维。从商业的角度看，微信必然要走到商业变现阶段，如何做好这个平衡，对于微信团队是一个很大的挑战，届时影响微信的核心价值也不是不可能的。

此外，国外互联网巨头的产品价值和产品形态的改变，或多或少都会影响中国互联网行业。虽然微信体量很大，但创新能力还没有跻身世界一流，受国外同行影响调整产品价值和产品形态并非不可能。

总体来说，从开始到现在再到未来，微信产品价值的走向受张小龙个人情怀、微信用户的需求反馈、腾讯的整体战略、资本市场、国外互联网发展等多方影响，小程序也可以说是多方催熟的产物。微信的产品价值在不同发展阶段有所区别，其价值升级是一个增加并覆盖的过程，下一个阶段的产品价值和呈现出来的产品形态会覆盖上一个阶段。

阶段一：社交工具

在这个阶段，微信的主要产品价值是为用户提供优质体验的陌生社交和熟人社交解决方案。

微信最早一批用户除了是 QQ 导出来的之外，绝大部分是基于陌生社交需求使用的。无论是引爆市场的摇一摇、漂流瓶还是附近的人等功能都极具陌生社交色彩。

不过，微信从陌生社交转变到熟人社交非常快，也没有遇到太大的障碍，这个和 QQ 导流过来的用户有很大的关系。微信起步的时候，QQ 已经在自己平台内部构建了熟人之间的关系链，而从 QQ 导流过来的用户原本就是通过关系链的方式吸引过来的。这个时期最有代表性的产品功能就是朋友圈。

阶段二：即时通信

这个阶段，微信的核心产品价值是为用户提供优质体验的即时通信解决方案。微信视频、微信电话等产品功能的出色体验使微信理所当然地成为市场占有率最高的即时通信工具。

阶段三：资讯平台

如果张小龙眼中的微信定位是一个工具，那么微信借助公众号快速成为国内最大的资讯平台，可能未必是微信意料之中的事情。

微信在很短的时间陆续上线了订阅号、服务号、企业号三款公众号产品，但只有订阅号快速发展了起来。而微信想大力推广的服务号和企业号都处在不温不火的状态。但不管初心怎样，订阅号经过三年左右的沉淀，已经使微信彻底具备了一个资讯平台的所有能力。而且基于公众号，微信也具备了很多场景链接能力，很多企业也基于微信做了很多场景链接的尝试并获得了成功。

但就微信的定位看，订阅号和其引爆的内容创业其实偏离了微信的初衷，甚至略微偏离了他们的核心价值。从长远看，资讯平台会越做越大，但对微信的发展很难有更多的贡献。首先，没有能力建立这么庞大且公允的审核机制；其次，资讯很容易和政治及意识形态挂钩，万一出现了政治问题，会引发不小的危机；最后，微信订阅号输出的多数内容，从长远看会成为用户的冗余信息，增加用户的选择成本和辨别成本，对用户的价值会越来越小。如果不是微信通过其强社交属性绑架了用户，订阅号根本不可能这么野蛮地生长起来。但是公众号的火爆给了微信团队和张小龙更多的想象空间和信心，小程序正是在这个阶段开始酝酿，并顺势推出的。

阶段四：场景链接工具

这个阶段，微信核心价值是提供链接各类生活和工作场景的解决方案。链接一切生活工作场景是所有互联网公司的梦想，就目前来看，除了苹果以外还没有一家能够做到。小程序的使命就是帮助微信拓展场景链接的能力和打开一切可能。

链接一切场景，首先需要占领大部分的流量入口，然后需要和绝大多数的服务提供商形成适配度极高的合作，前者微信已经做到了。互联网的入口无外乎有几个：浏览器、搜索引擎、门户网站、浏览器、各类APP，发展至今，微信可以在大多数情况下替代浏览器、门户网站及部分APP等入口。而随着小程序的发展，占领移动端的大部分流量入口也不是不可能的。至于后者，在公众号时期，微信已经做了很多尝试，当然这是远远不够的，随着微信小程序技术的成熟和普及率的提高，这个问题也会陆续得到解决。

通过不同阶段产品核心价值的梳理可以看出，微信价值升级的主线，就是成为一个为用户高效解决问题和更好生活的工具，这也是微信一直以来做产品的态度。相比于订阅号的价值递减、服务号的不温不火、企业号的不受待见，小程序是最符合微信产品价值升级的方向，也可能成为微信扭转全局的一个战略性产品。张小龙想要让最有价值的东西触达用户的想法会基于此一役而实现。

2016 年 1 月 11 日，张小龙在公开课上分享了以下内容："用户价值是第一位的，微信的挑战在于让有价值的东西触达用户。微信不要当时间杀手，要帮助用户高效完成工作。让商业存于无形，不做基于骚扰的流量变现的商业化。"这大概就是微信的价值观吧。

2.2 公众号矩阵

小程序的前身其实就是服务号，是微信公众号矩阵中的重要组成部分。虽然在张小龙看来，小程序是和公众号完全不同的服务形态，是完全独立出来的一个系统，但是基于微信的创业，不太可能绕过公众号矩阵。小程序＋公众号矩阵，才能最大限度地把小程序的优势发挥到极致。对于立刻着手小程序创业的人而言，应当基于微信已经成型的公众号矩阵做规划。

公众号矩阵由三个产品构成：订阅号、服务号、企业号。其实在小程序上线之前，有些类型的创业完全可以基于公众号完成其创业闭环。例如，内容电商或者咨询类服务等，完全可以基于公众号矩阵搭建其所需要的创业平台。只不过，公众号的功能比较少，无论是订阅号还是服务号、企业号都无法满足更进一步的需求。小程序上线后，深度开发订阅号和服务号的需求会降低很多，公众号可能会回归其原本的初衷。在小程序上线的同时，微信也将企业号和企业微信合并。

对于小程序创业而言，公众号矩阵有非常重要的配合和助力作用，其原因有三。

1. 用户数据支持

对于已经经营了一段时间订阅号和服务号的创业者，通常已经具备了一定的用户储备，这些用户储备可以和小程序无缝对接。小程序支持同一家企业内的公众号和小程序之间的用户跳转和用户资源共享。

2. 运营思路接近

虽然订阅号的运营思路和小程序有明显的区别，但是很多创业者已经熟练掌握了服务号的运营技巧，这些对于小程序的运营有很大的借鉴意义。

3. 技术接口熟悉

企业号、服务号的开发人员适配小程序的产品开发，其难度是比较小的。无论是技术规范还是 UI 规范，小程序和这两者都有相近的地方，只不过小程序略复杂一些。

公众号矩阵原本就可以相对完整地满足企业的大半需求，创业过程中比较重要的三个环节——品牌宣传和用户获取、用户服务和 CRM 管理、组织管理和团队协作分别可以通过订阅号、服务号、企业号来实现。只不过无论是订阅号、服务号，还是企业号在功能上都不是非常完整，基于公众号做较为浅层次的开发是可以的，深入达到 APP 同样的功能就比较难了，尤其是服务号和企业号，其实一直以来都是鸡肋般的存在。

随着小程序的上线，服务号提供服务的能力会逐渐弱化，日后可能会扮演更为单纯的 CRM 管理的角色，深度服务用户的能力主要通过小程序实现。至于企业号，微信在上线小程序的同时就将企业号和企业微信合二为一，也是想优化企业号原本的功能，起到其应有的作用。

本书不会去做微信公众号的入门介绍，只从创业角度分析每个公众号产品的核心功能和如何通过搭建自己的微信矩阵，完成创业的闭环。

总体来说，订阅号可以解决信息交互的问题；服务号可以解决客户维护的问题；企业号可以解决组织协作的问题。不同的公众号开通的接口不同，功能也相差甚远。

2.2.1　订阅号

订阅号在创业过程中扮演媒体平台的角色，所有媒体属性的创业需求都可以通过订阅号来实现，所谓企业自媒体便是此意。当然，纯粹地依托自媒体做创业也是可以的，订阅号是微信公众号矩阵中做得最好，也是最有商业价值的。

很多人看不到微信订阅号的价值，是因为认为红利期已经过去。暂且不说红利期是否过去，只要创业者有品牌宣传和低成本获取用户的需要，订阅号就不能不做。

订阅号虽然处在一个不断取消关注的时期，但是内容优质的订阅号市场依然非常大。一般人认为订阅号的局限在于内容饱和导致的打开率变低，而且从内容到产品的转化并不是很理想。但是如果有内容运营实力的创业者，仍然可以通过订阅号做自己的用户储备，再通过小程序进行服务和产品的转化。对于不打算通过订阅号获取用户的创业者，可以作为一个品牌宣传的媒体平台，从简运营。

2.2.2　服务号

服务号在创业过程中主要扮演的是服务用户的角色，所以很多企业会基于服务号做功能层面的开发，使服务号可以成为 APP 的替代品。

小程序上线之后，服务号的价值弱化了很多，尤其是提供服务的能力远不如小程序。但是服务号做客户关系维系的能力还是要优于小程序的。可以将两类功能分别在小程序和服务号上实现。

移动电商创业一般都是比较重视服务号的，服务号和有赞商城一度成为了移动电商领域的标配，那时服务号的价值很容易体现出来。服务号的特点很容易导致流失黏性不高的用户，每周只能推送一次而且很容易打扰用户，所以很多人认为服务号是一个失败的产品。

包括微信团队也对服务号很不满意，很多企业没有如其所愿，只是把服务号当成一个变相的每周推送一次的订阅号。其实不然，服务号因为自身特点确实比较难运营，但是对维系长期客户有需求的行业，服务号还是有其优势的。只要能够把体验做好，不打扰用户，给用户输送持续的价值，仍然是微信生态内最适合做 CRM 的一款产品。

2.2.3 企业号

企业号原本是为解决企业内外部组织协作而推出的一款工具，很多人没有将其利用好。企业号通过定制开发，可以很容易实现企业内部管理和产业链关联方的管理。

在小程序上线的同时，微信加大了对企业号的研发力度和推广力度，并将企业微信和企业号合为一款产品。虽然短期内企业号在微信的生态内是认知度最低的一个产品，但是很快创业者就会知道微信做企业号的价值和目的了。

公众号矩阵中的每一款产品对于创业者都有价值。在小程序时代，公众号并非没用反而更加重要了。因为小程序只能为用户提供服务层面的解决方案，很多创业的重要环节是没有办法完全通过小程序来实现的，例如品牌宣传、用户拉新、品牌营销、社群运营、组织协作、产业链管理等，更多需求只能通过公众号矩阵来实现。

随着小程序的普及，微信公众号矩阵反而有机会焕发新生命，延伸出更多全新的商业模式、组织形态和运营策略。小程序时代的创业可能会变成这样：

首先，通过订阅号做自媒体，通过内容运营和付费推广获取用户，渐渐地做自己的流量池，并通过塑造IP来培养用户的黏性和忠诚度。

然后通过企业微信（原企业号）做供应链管理和内部组织管理，可以通过适度地开发来满足企业的需求。

接着通过小程序提供服务，订阅号和其他渠道获取的用户可以直接通过小程序提供服务。

最后，通过服务号做 CRM 管理，服务号深度开发之后可以对特定人群进行每日推送，非常适合付费用户和高黏性用户的长期维系。基于服务号开发 CRM 管理系统，难度也不是很大。

2.3　微信小程序

2.3.1　超级链接器

　　小程序是微信生态中最重要的一个产品。微信小程序的初心是弥补公众号的不足，和其一起完善微信生态。但之所以被这么多的创业者追捧，还有一个更重要的原因——微信小程序在为用户提供服务的能力上可以替代绝大部分 APP。

　　张小龙说小程序不是为了替代 APP 而生的，最初的想法是为了满足用户产生的特定需求。这个特定需求是什么呢？张小龙是这么表述的："回顾了 PC 这些年的变化，在没有互联网的 PC 时代，其实企业是很难通过不联网的 PC 去提供服务的，当时我记得有一个企业做了一个 PC 机的程序，那是最早的一个表格软件，但是这样的软件非常少，因为绝大多数的企业没有能力去把其服务做成一个

PC 时代的软件提供出来。"

"直到有了互联网，才改变了这个局面，互联网的出现使所有的企业都能建立自己的网站，通过网站把自己的服务放到网上，让任何可以上网的人都能访问的到，所以在 PC 互联网的时代，改变这个世界的并不是有更多的应用程序出现，而是有更多的网站出现了，并且在这个背景下诞生了非常多伟大的互联网公司。"

"很快，当移动互联网时代到来的时候，以前通过网站提供服务的企业开始选择通过手机端的 APP 去提供服务，很多企业都做了这样的尝试，大家去做手机端的 APP，然后推荐用户去下载他们的APP。但是现状并不像这些企业所想象的样子，在手机时代用户获得了更便利的使用方式，也是更懒的使用方式，越来越多的用户更多的只愿意每天只使用那么几个 APP，而不愿意去下载或者使用很多 APP，这一点与 PC 互联网时代很不一样，PC 时代你打开计算机以后，要访问一个网页是很快捷的，你可以从一个网页跳到另外一个网页，大家每天在计算机前面花更多的时间是在浏览器上，但是在智能手机时代，打开浏览器的频率会越来越低。可能以前一天你要访问 20 个网站，现在你不会在手机里面打开 20 个 APP，或者为了了解一个企业的服务去下载这个企业的 APP，大家不会这样去做。"

"移动互联网时代，很多企业会发现他们在智能手机时代反而不如像 PC 时代那样更方便地通过一个网站来解决所有的问题，通过一个网站把所有的服务放到线上去，这也是为什么公众号出来的时候，很多的企业发现公众号可能是一个比他们做 APP、做网站更好的方式，通过智能手机把服务提供给用户。所以公众号的出现是特别令人高兴的事情，例如对于餐厅来说，即使在 PC 互联网时代，这些餐馆也没有办法把他们的服务放到网上去，让别人可以访问到。

但同时我们也要看到公众号的缺陷，公众号基于订阅和推送的关系，对一个餐馆来说它更多的精力放在怎样能够收集到更多顾客的名单，它的驱动力在于它怎么样才能够给每天来餐馆的人推送消息，去发送一些促销信息。公众号在这里就变成了客户关系管理或者说是一个消息推送器的角色，这样的角色与 PC 时代通过一个网站提供服务是有很大不同的，一个网站并不能给用户推送消息，所以它并不会骚扰到用户，但是它又希望获得服务的人能很方便地访问到，从这里可以看出来，在移动互联网时代，对于大多数的企业来说，他们缺少了一种有效的载体，甚至还不如 PC 互联网时代那么方便，通过网站可以很方便把他们的服务线上化。"

张小龙讲这么长一段话，就是想告诉大家小程序想解决的这个特定需求就是在手机上更高效地实现服务线上化。对于用户而言做到价值直达，对企业而言，可以实现链接用户路径最短。在张小龙看来这是非常大的需求，而且没有人去做。本书第 1 章就分析了这个问题，其实不止一家企业发现这个庞大的需求也尝试着去做过，只是没有做好而已。不过客观地说，微信可能是国内第一个可以解决这个问题，进而满足用户需求的互联网产品。

之前说过，微信未来的核心价值是成为一个超级场景链接器，而张小龙也认为小程序比以往任何一种链接器都要出色。为此他举了一个例子：

"记得上一次去深圳机场的时候，注意看了一下深圳机场两边的广告牌，发现一个很有趣的现象，深圳机场的广告牌上 80% 都有二维码，这个二维码是微信公众号的二维码。这个很有意思，因为我们回顾一下在 PC 互联网时代，那个时候的广告牌其实一般会印一个自己的网站地址在上面，它是一个标配。上次我在深圳机场看到的情况，我自己也很高兴，因为公众号的二维码变成了广告牌的标配，取代了以前的网址。但是让我稍微不太高兴的地方在于，我看到这一面广告，想了解它的服务的时候，却需要去订阅这个公众号，成为它的'订户'，收到它的推送消息。以前的广告牌会贴一个自己的网址进去，让用户自己去它的网站看一下它有什么样的服务，这是有很大不同的。"

"我认为一个广告牌不应该在下面贴上用来订阅的号，它应该贴的是可以立即展现服务的链接，这个展现服务的链接应该就是类似于小程序的形态，因为看到这个广告的人并不是说我要订阅你的公众号，收到你的推送，而是说我想体验你的服务，或者我想立即了解这个广告背后的信息，我认为这样一个使命是应该小程序去实现的，就是每一个信息背后，包括广告牌背后包含的应该是我去扫一下，立即就获得它的信息，或者立即启动了一个小程序，就像以前我们访问一个网站一样，只不过我们通过扫二维码的方式取代了输入网址的方式。从用户的角度来说，这样一种方式才是用户所需要的。"

在张小龙看来，这些大量存在的线下场景，作为链接工具的小程序要远比公众号、网站更好。当然 APP 就更不用说了，扫描之后费时费力地下载和注册过程可能还不如公众号的体验好。这样一种链接工具和 Web 时代的网站有异曲同工之妙，这种链接工具明显不同于公众号和 APP，首先不需要关注和下载，而是可以直接提供服务；其次链接路径非常短，通常就是扫描、搜索后就直接跳转服务页面。把小程序想象成是 PC 时代的一个网站，会更容易理解什么是小程序。只不过不同于网站的是，作为移动互联网时代的产物，小程序有移动化、社交化、场景化的天然优势。

Web 时代的入口是浏览器、搜索、门户网站，但移动互联网时代的入口是二维码。在张小龙看来"PC 时代我们通过网站来获取服务，确实，我们要先找到这个网站，所以搜索框在当时特别重要，但是在智能手机时代，我们要获取更多的是跟线下有关的服务。其实就目前手机技术的实现来说，可能通过扫二维码是最简易的一种方式，跟周边产生联系，并且获取服务。所以二维码在微信里的重要性一直都很高，从添加好友到订阅公众号等，它都是微信里的一个基础入口，扫一扫也是微信里一个非常基础的功能，扫一扫甚至变成了微信去触达周边的一个最基本的方式。"

从 PC 时代到移动互联网时代，从网站到小程序，其实本质没有改变，只是用户体验有质的飞跃。张小龙对小程序的期许是这样的："本质上来说，我们更希望在智能手机里，用户可以更快捷地获取服务，但是他的体验又比网站要好很多，同时它的麻烦程度又比去下载一个 APP 要好很多，它不像下载一个 APP 那么麻烦，这个就是小程序的定位。基于这个定位可以看出小程序的特性：无须安装、触手可及、用完即走、无须卸载。"

1. 无须安装

其实在 PC 时代的后半场，Web 服务就是无须安装的。之前讲过，相对于前半场个人 PC 软件为王的时代，Web 服务有天然的优势。所以 PC 软件越来越走下坡路。小程序之于 APP，就像 Web 服务之于 PC 软件，都是用户体验上的一个极大的提升。

2. 触手可及

这个源于比尔·盖茨写的一本叫《信息唾手可得》的书，这是比尔·盖茨在互联网刚刚出现的时候写的一本书。张小龙对这本书比较推崇，认为小程序就可以做到信息唾手可得。而在我看来，小程序除了信息可以唾手可得以外，最重要的是可以在未来某日实现服务触手可得。

张小龙举了几个触手可得的例子："我们看到一盏灯，我们想要去控制它，可能我们只需要用智能手机对着它扫一下，然后控制这盏灯的应用程序就已经启动起来了，在我的手机里，我直接使用它就可以了。在类似博物馆这样的场景里，用户可以在一些不同的内容前面扫一下二维码就可以获知当前物体背后的信息，这都是触手可得。"

不过在我看来，创业者在用产品诠释触手可得时，可能会像公众号一样超出微信的期待。

3.用完即走

关于用完即走，张小龙和微信团队在很多场合都反复提起。他为此举了形象的例子："例如，我们到一个餐馆，我们可能想排队或者点一下菜，我们并不需要去下载这个餐馆的应用程序，只需要在餐馆扫一下它的二维码，就启动了这个餐馆的小程序，我们可以立即在小程序里排队或者点餐。当我做完这些事情，吃完饭并不需要卸载这个应用程序，当它不存在就可以了，是一种真正用完即走的状态。"其实用完即走的前提还是不用关注小程序的产品形态导致的。

4.无须卸载

这个其实是多余的解释，既然无须安装，当然是不用卸载。

分析完这四点，其实可以知道小程序和公众号、APP最大的不同和优势是什么了。可以肯定的是，这个微信生态中最重要的一款产品，必然会给用户带来完全不同的体验，也会带领微信甚至整个互联网进入一个全新时期。

2.3.2　小程序大事记

2016 年 1 月 11 日

当天，张小龙在微信公开课 Pro 版中首次发表公开演讲，微信官方正式宣布正在开发应用号。张小龙将其称为"微信新的形态"。

"我们希望存在一种新的公众号形态，这种形态下面用户关注了一个公众号，就像安装了一个 APP 一样。他要找这个公众号的时候就像找一个 APP，在平时这个号不会向用户发东西，所以 APP 就会很安静地存在那里，等用户需要的时候找到它就好了。"

同日，发布微信 Web 开发者工具，开发者可以通过该工具在计算机上模拟访问微信内网页，方便地进行开发和调试，小程序的开发集成环境（IDE）的雏形就源于此。

2016 年 1 月 20 日：WeUI 发布

微信发布自己的网页设计样式库——WeUI，开发者可以使用它快速开发出符合微信 UI 界面标准的网页。

最初版本的 WeUI 包括按钮、表单、Toast 提示、对话框、进度条等多种预置样式。小程序设计规范的雏形就来自 WeUI 控件样式库。

2016 年 4 月 19 日：微信内置浏览器升级

微信更新微信 Web 开发者工具至 0.5.0 版本，该版本的开发者工具支持远程调试。同时，微信宣布 Android 版微信内置浏览器升级为 X5 Blink 内核。这种内核可以让微信内浏览器具有更好的 HTML 5/CSS 3 支持性能和强大的渲染能力，同时提供了硬件状态检测功能。

2016 年 9 月 22 日：小程序发布内测

应用号更名为"小程序"，并陆续发放内测邀请。在官方邀请函中，微信这么表述：我们提供了一种新的开放能力，开发者可以快速地开发一个小程序。小程序可以在微信内被便捷地获取和传播，同时具有出色的使用体验。

2016 年 11 月 3 日：小程序开放公测

小程序进入公测状态。期间所有企业、政府、媒体和其他机构都可以登记注册小程序，并将完成的小程序提交审核，审核通过的小程序暂时不能公开使用。

2016 年 12 月 16 日：WeUI.js 框架发布

WeUI.js 是一种特殊的前端框架，它允许开发者直接引入，并可以直接使用符合小程序 UI 标准的组件元素。同时，框架体积非常小，开发者几乎不需要担心引入框架需要造成额外的代码压缩工作量。

2016 年 12 月 28 日

张小龙做微信 PRO 公开课，全面解读微信小程序的理念。宣布小程序上线时间为 2017 年 1 月 9 日。

2017 年 1 月 9 日：小程序正式上线

历时一年，小程序终于上线了。可以看出，微信团队投入了大量的时间和资源为小程序的上线做足了准备。从应用号的半遮半掩到如今小程序的热闹非凡，这开启新时代的一年值得所有互联网人记住。

第3章

场景

3.1　场景红利

3.1.1　何谓红利

在某个阶段做事比其他时期投入产出比更高，这个阶段就是红利期，这种投入产出比高的表现就是红利。微信订阅号、微信社群刚兴起时，个人号增粉限制不严格的时候，都算得上红利期，那时基于订阅号、微信群、个人号的创业投入产出比是比较高的。在小程序概念刚出来的时候，很多创业者期望小程序会有一定时间的红利期，尤其是流量红利期，那个时候，创业圈一时热闹至极。随着小程序上线，创业者很快发现小程序并不能轻易地获得用户，而且因为限制条件非常多，获取用户的难度反而比公众号还难，于是又哀声一片。其实这些都是对红利的错误理解，也是对互联网发展趋势缺乏正确理解。

首先，小程序上线之前互联网领域就不存在流量红利了。流量思维已经逐渐淡出了历史舞台。小程序上线的时候，移动互联网已经格局明确，很难再有流量红利，所以期待流量红利的创业者可能一开始就不是非常了解互联网。

其次，微信一直以来都在打击完全基于流量变现的商业行为，流量思维也是其一直以来很排斥的创业思维方式。无论是限制个人号和社群的野蛮增长，还是正面打击公众号各种流量思维主导下的运营手段，都可以看出微信对待小程序创业的监管态度。微信断然不会给创业者机会，让其把小程序作为流量工具并基于此做商业变现的。奢望小程序流量红利的创业者，其实是对微信的不了解。

微信是想将小程序做成一个场景链接工具，而整个微信也是一个工具属性的集合体。在微信的生态内，小程序最大的红利肯定是和场景有关，而不是和流量有关。丰富多元的使用场景对于整个微信生态来说都算是一种红利，自然也会给小程序创业者带来各种机会。

3.1.2 何谓场景

关于场景最早的系统阐述来自《即将到来的场景时代》一书，在这本书中，作者详细介绍了构成场景技术的五大场景也叫场景五力：移动设备、社交媒体、大数据、传感器、定位系统。

① 移动设备包括但不限于智能手机、智能眼镜、可穿戴设备等。移动设备是软件的主要载体，所以设备中的软件才是场景技术的最重要环节。作者认为移动设备是连接互联网最重要的工具。

② 社交媒体从 PC 时代就有了，例如博客、论坛、PC 端社交软件等。社交媒体和移动设备、大数据、传感器以及定位系统等其余四力结合，可以产生极为丰富和个人性化的内容及用户数据。而这些内容和数据可以准确地做出用户画像和用户正在做什么和下一步要做什么。

③ 大数据包括但不限于社交数据，用户的搜索数据、交易数据、软件使用数据等都是大数据的一部分。掌握了大数据，就可以掌握互联网整体的趋势和单个用户的行为趋势。

④ 传感器在智能手环、手机及其他很多移动智能设备上都有，应该算是移动设备中的一个重要组成部分。传感器可以更方便地搜集用户的各类生理数据，例如体温、心率、睡眠时间、运动时长等。

⑤ 定位系统在 PC 时代就有了，但如今则是移动设备的必备技术。定位系统可以准确地知道用户的位置和行动轨迹。

场景五力其实就是场景链接工具最底层的技术支持，微信是依托移动设备的一款软件，目前以智能手机为主要载体，日后肯定也会延伸到所有的主流移动设备中。智能手机是目前硬件性能最好的移动设备，一般的千元机都具备传感器和定位功能。微信本身就具备社交媒体的属性，也具备用户大数据的储备。基于微信做任何有关场景的实验，基本都是有技术支撑的。

小程序上线后，微信开发给开发者的权限已经超出了任何一个超级 APP，让链接一切场景成为可能。当然微信自己的用户数据目前还不能调用，但在微信公众号时期已经储备了足够多用户数据的企业是可以和自己的小程序无缝对接的。举个例子，定位系统发现用户在离家 1000km 外的某个只去过一次的某宾馆，而用户的消费记录和聊天记录中又出现过大量的关于失眠治疗和精油按摩的关键词，就可以比较精准地锁定用户此时的场景和可能存在的需求，进而精准地推送给其相应的服务或产品。或者用户在搜索引擎中大量搜索"头疼"关键词，而且传感器显示用户的心率过快，睡眠不好，体温不恒定，其实也可以根据这些表现做出一个关联性的判断——心血管疾病的可能性比较高，自然也可以有针对性地推送符合此场景的文章和广告文案，以及相应的服务和产品。

小程序时代的场景红利，其实就是在微信提供的场景五力的支持下，通过满足用户各类需求带来的商业变现的可能。随着微信越来越开放，任何一个新的支撑技术的上线，对于创业者而言都增加了一些新的可能。

所以说，场景红利对微信的技术能力和开放性有一定的依赖性。很多创业者并不愿意将自己的未来和微信绑定在一起也是这个原因。但凡事都有两面性，在一部分人对微信不信任的时候，更早的看清微信的战略方向并义无反顾地投入进去的人，所获得的机会何尝不是一种红利呢？

其实仅仅是基于小程序目前开放出来的权限，如果创业者有足够的开发经验和产品能力，基本可以在大多数生活场景与用户产生链接，进而为其提供服务或产品。小程序支持定位系统，围绕这个可以链接大部分的 O2O 场景，订餐、就餐、就医、找车、找人都是可以的。微信的大数据虽然不会开放给开发者，但是创业者完全可以付费通过广点通广告的方式利用好微信的大数据，并精准地找到自己的用户。至于传感器的技术，原本需要的商业模式就不多，而且微信在技术上并没有限制小程序和智能硬件打通，估计用不了多久也会开放更多与传感器功能相关的接口。

在小程序时代，用户需求没有被 APP 满足的移动场景，都是存在创业机会的。移动互联网发展至今，绝大部分高频刚需的场景都有 APP 作为链接工具。但更多的垂直细分场景和更多的长尾用户需求仍旧处在有待发掘的空白状态。小程序创业者只要利用好微信本来的功能以及开放的定位系统、大数据、传感器的接口，仍旧可以针对这些大量没有被发现的场景做出用户体验佳的小程序。

吴声有本书叫《场景革命》是讲场景进化与创业的关系的，其中的多数场景技术支撑是来源于微信的。小程序时代更会如此了，小程序上线是微信场景技术的质变，在微信庞大的用户体量支持下，应该再也没有微信完成不了的任何有关场景的实验了。商业领域未来几年的场景革命都可能离不开微信及其小程序。绝大多数的场景红利也基本都产生在微信生态内。

小程序上线不久，不少人也持比较悲观的态度，认为小程序只适合低频刚需场景下的创业，因此小程序创业的范围极其有限。在我看来，这种言论受其一贯保守的思维影响，同时也是一种缺乏深入思考的表现。

首先，微信的定位是做一个操作系统性质的 WOS，不存在什么特定的场景。从技术的角度看，只要浏览器、搜索引擎适配的场景小程序都可以做。而且随着微信稳步地开放，创业者可以获得更多深层次的技术接口，不断增强场景支持力，基本上 APP 适配的场景也同样适合小程序。

恐怕是很多人认为高频场景已经被大量 APP 占尽，没有机会而已，不过如果一个企业研发实力有限，而且在微信生态内原本没有任何沉淀，确实很难去抢占高频刚需的场景。

其次，小程序创业需要依托微信生态来做，而不是开发一个小程序就行了。高频场景如果和公众号矩阵搭配一起做，也可以实现APP所能实现的所有功能。孤立地看小程序，确实功能受限，能够做的事情也有限，但是小程序是微信生态内创业的点睛之笔，但不会是全部。

总体来说，移动互联网的发展远没有渗透到生活和工作的所有场景中，尤其是很多重度垂直的场景远没有覆盖，哪怕再小众的场景，基于微信的用户体量一样可能存在场景红利。

3.2 应用场景

小程序上线不久，微信官方和非官方渠道均向开发者和创业者反复强调了一个观点——微信小程序的使用场景主要在线下。同时，通过不断调整的微信小程序的服务范围，也可以看出官方的期许和小程序应用场景的想象空间。

截至目前，绝大多数小程序是基于线上使用场景开发的，而很多也都是原有知名 APP 的精简版，显然这与微信的初衷不符，不是其在宣传过程中所倡导和期许的。第一批小程序上线后，在短暂的时间内获得了一定的免费流量，但这未必是流量红利。因为流量的来源多不是来自于目标用户，更多的是业内人士抱着尝鲜心理访问带来的。从产品和服务层面打动用户的小程序还是比较少的，用户黏性也肯定会非常一般，多数小程序二次打开的比例都非常低。

如张小龙畅想的那样，微信小程序更适合有产品服务能力的企业，同时存在适配的线下场景。小程序应用场景看起来很多，服务范围也覆盖到了生活的方方面面，但是场景红利并非无处不在，仍然需要创业者用心发掘。单纯做一个小程序趁着风口上线，既没有流量红利更不可能有商业价值。从用户的角度看，只有在生活和工作的场景中，遇到了合适的小程序并获得了良好的体验，才能有后续使用的可能。而只有用户价值得到了保障，才有商业价值的可能。

创业者和开发人员一定要理解微信做小程序的逻辑起点——场景链接工具。有些矫情的创业者几天做出一款小程序，上线没多久看不到成效就想退出，其实就是没搞懂小程序的缘故。一言以蔽之，小程序就是一个场景链接工具，既不是像公众号一样的平台，也不是像 Appstore 一样的流量入口。小程序主要是为链接各类生活场景，为商业运营者和其他组织提供场景技术支持的一个工具。

应用场景可以分为三类：线下场景、线上场景、混合场景。

3.2.1　线下场景

在官方看来，线下场景是微信小程序主要的适配场景。官方推荐的多数案例的使用场景都是在线下的，可以说在官方看来，小程序就是为线下场景提供场景链接解决方案而生的。最核心的入口就是二维码，基本上就可以知道官方的意图了。

但就目前来看，最早入场的开发者多数是 APP、网站和新媒体创业者，原本业务系统中就很少包括线下商业部分，线下资源的沉淀也不多。故而，基于线下场景开发的小程序是比较少的。这不得不使我想起公众号的窘迫，微信费尽心思想把公众号打造成一个服务平台，但终究变成了一个媒体属性的资讯平台，而且成为了中国最大的内容创业阵地。

但从微信官方给出的小程序服务范围来看，其实多半都是开放给线下场景的。所以无论前期的现状怎样，微信肯定会通过各种方式激发线下商业运营者切入小程序的开发。

线下场景最具有代表性的就是以下三类。

1. 餐饮

早在公众号时代，大量的餐饮公司就基于服务号做点餐、排队、评价、订餐等服务了。在腾讯的大本营深圳和微信的大本营广州，基本上稍微有点档次的餐厅都使用服务号来提升服务质量和就餐效率了。

其实，和餐饮类似的还有很多线下商业场景。例如各种娱乐和聚会场所、咖啡馆、书吧、茶馆、农家乐、游乐场等。

2. 商场

商场和餐饮的道理是相通的，不同的是商场可能会更复杂，加上小程序能够有强烈的电商即视感，例如服装店、化妆品店等，完全可以围绕小程序开发出更多便捷的互动工具和客户服务工具。

3. 交通

交通肯定在线上场景里能够稳居前三，小程序肯定做不了滴滴打车这样的大平台。但是围绕社交——位置——移动（Solomo）模式，肯定能够玩转绝大部分交通，典型的就是摩拜单车。

线下场景往往对小程序的场景支撑技术要求比较高，例如位置定位、传感器等。除了以上三个，医疗、教育、农业、公共服务其实都是线下场景比较密集的领域。

小程序的场景技术基本可以支持生活中的主要线下场景，但是支持不代表用户体验会很好，更不代表线下商业有立刻开发小程序的需要。毕竟经历过一波家家搞公众号的年代后，一个看起来和公众号功能差不多又不能天天推送自家广告的小程序未必是一个必需品。说到底，开不开发小程序和适合不适合开发小程序是一个理念问题，微信最期待进场的那些线下商家恰恰会走得很慢，走得很纠结。

3.2.2　线上场景

官方服务范围中的富媒体类小程序主要应用在线上场景，除此之外还有商业应用和工具类。除此之外的类别中，绝大部分类型都是开放给线下场景的。

但就目前来看，已经上线的小程序绝大多数恰恰都是应用在线上场景的。可以说做得好的几乎都是线上场景的应用。

1. 富媒体

无论是腾讯视频、爱奇艺视频、糗事秀、喜马拉雅 lite，其实都是富媒体类型的。很多内容创业的机构，也推出了自己的阅读类、内容社区类小程序。

这些小程序更多的是应景之作，其实对用户而言意义不大。相反，在我看来反而会带来一定的自身用户流失。原本 APP 就比小程序更适合做富媒体，好不容易通过各种运营手段留存下来的用户，如果关注了小程序，很多就会卸载同质化的同名 APP，而小程序的难运营的短板在富媒体领域表现得更为明显。同时，新闻、资讯、图片、小说这类可能更适合基于订阅号进行开发，小程序价值不大。总体来说，富媒体类的小程序多数都是比较鸡肋的，只适合大品牌做防守用，当然也适合初创项目做测试用。

2. 小工具

在我看来，工具类小程序是目前做得不多，但最适合线上场景的。

据了解，最早几批上线的小程序中，活跃和留存做得比较好的，也相对集中在工具类小程序内。这里说的工具类既有官方服务范围内列出的类别，也包括其他大类中工具属性的类别。官方服务范围内都是比较有代表性的，例如，记账、投票、日历、天气、备忘录、办公、字典、图片、计算器、报价比价、信息查询、网络代理、效率、健康管理、企业管理等。

目前上线的比较出色的有 qdaily（好奇心日报）、印象笔记清单、番茄闹钟、网易有道词典、翻译 e、记账 e。除了这些还有聊天表情、涂鸦软件、p 图软件、时间管理、交通查询等类型的小程序。工具类小程序是比较符合微信初衷的，同时也是最早得到验证容易被用户接受的。

在我看来，围绕效率、办公、健康管理、企业管理、信息查询能够挖掘中更多优秀的小程序产品。毕竟这些类别的小程序更适合线上应用场景，而且原本也是 APP 创业比较重视的方向。

3. 在线服务

商业服务和公共服务都是在线服务，主要的适应场景就在线上。

商业服务最典型的，例如法律咨询、管理咨询、招聘求职等。虽然很多APP和网站也可以满足部分场景，但更多应该多挖掘一些蓝海场景和垂直人群。公共服务适应的场景领域就比较广泛了，只要是以实现电子政务和公共服务信息化为导向的基本都以线上场景为主，但同样还有很多是只适合线下场景的。

不过，在线服务比较容易陷入鸡肋的窘况，很多在线服务不是用完就走的，是需要后续跟进和反馈的。虽然小程序在交互的体验上会做得比公众号好很多，但是综合用户体验也许不如原本基于公众号做深度开发后体验好。

在我看来，公益组织、政府机构、金融机构、地产组织，其实更适合公众号矩阵为主、小程序为辅的开发方式。小程序只是他们在线下某场景中更便捷使用的一个小工具，例如填写表单、录入名片、提交资料、在线报名等。维系客户和品牌宣传的工作还是交给公众号比较好。而且金融类小程序，由于安全性不够，大部分在上线不久之后被相关监管部门叫停了。

4. 电商类

除了富媒体，目前上线最多的就是电商类小程序。电商类其实还是比较适合开发小程序的，也存在线上适配的场景，但我不是非常看好。电商小程序的用户体验可以做到不亚于原生APP，这一点比富媒体要容易一些。但电商小程序必须配合公众号矩阵一起运营，否则价值不大。因为基于公众号开发的微商太多了，而且很多平台的体验都是非常好的，因为移动电商已经火了很久，关于此类需求的开发能力已经非常高了。而且围绕公众号矩阵的移动电商的运营方法已经形成体系，单凭一个小程序，很难带给用户更好的体验，需要打组合拳。

以上四个是开发比较多的线上场景。线上应用场景还有很多，但就目前上线的小程序来看，纯粹线上场景使用的小程序除了工具类和商业服务类以外，更多的都是应景之作，用户价值和商业价值都不大。如果微信没有开放更丰富的接口，给创业者更多的空间，这个问题也很难改观。所以，短期内我比较悲观。

3.2.3　混合场景

如果不考虑微信用完就走的小而美的价值观，小程序服务范围内除了工具类、富媒体类，绝大部分都可能适配混合场景开发。例如绝大部分的电商都可以强行做成 O2O 电商，绝大部分的政务和公益也可以同时结合线上和线下的场景混合开发，但未必都具备良好的用户体验和商业价值。如果考虑微信的价值观，混合场景中最具有商业价值和用户价值的有以下几类。

1.O2O 电商

原本商业模式就设计成 O2O 电商的企业，同时具备线下商业实体资源，可以通过小程序加上公众号矩阵为用户提供优质的服务。

2.软硬结合

第五类 IT 科技中的硬件与设备比较适合混合开发。各类智能硬件结合小程序一起服务用户，想象空间是非常大的。

3. 旅游、休闲、娱乐

这三大类部分是混合场景，部分是纯线下的场景。例如旅游线路、旅游攻略、景区服务、密室逃脱、棋牌室、KTV 等，既可以是线下使用，同时也可以深度开发成线上也一样有用户价值的小程序。而密室逃脱、旅游攻略等，既可以是线下使用，也可以加入社区、社交的属性。

4. 教育、医疗、体育

这三类都是典型的混合场景，教育原本就存在线上、线下两类消费场景，而且已经深入人心；医疗的线上使用场景和线下场景一样多，而且可以无缝对接；体育也是一样的，而且体育还可以结合软硬件一起开发，这里就不赘述了。但混合场景下的小程序开发对用户体验要求高，对开发者的要求也会比较高。

3.2.4 场景限制

微信官方的范围覆盖得更全面一些，虽然可以看出微信的野心，但是对于创业者而言还是有一个限制范围的。出现以下三种情况，通常意味着存在一定的场景限制。

1. 利益冲突

有些很适合小程序的场景，但是如果和微信利益产生冲突或者其他微信生态内比较强势的关联方产生冲突，微信都会进行限制，例如游戏和直播。

小程序服务范围在娱乐类里列举的密室逃脱、棋牌室都是指线下的娱乐场所，不是在线游戏。其实即便微信和苹果谈拢开放了游戏，由于技术支持能力的原因，小程序也不太适合游戏类创业。小程序的图形处理能力比较差，也很难做出体验比较好的游戏。反而是社交，小程序服务范围后来又将其纳入其中。

2. 政策限制

因为政策限制不能做的就很多了，很多微信都要求开发方提供资质。主要集中在金融、医疗、政府、交通等原本就监管比较严的领域。而且需要注意的是，即便是通过了小程序审核，也存在无法运营的可能。监管部门也会作为第三方主动审查，例如很多上线的金融小程序被勒停。

有些领域则比预料的宽松，例如商业服务、法律服务、教育培训等。这从侧面说明微信可能更希望这些领域有更多的创业者进场。但仍然可能和金融一样，通过了小程序审核也有被监管部门叫停的可能。

创业者应当提前对提供的产品和服务做好政策法律风险的规避，避免不必要的麻烦。

3. 超出范围

小程序的服务范围尽可能做到覆盖各类生活场景，但还有很多场景没有顾及到，一方面是因为小程序还处在发展阶段正在不断迭代；另一方面是小程序还是有侧重的，会优先为实体企业、线下门店商场、餐饮娱乐、政府交通等影响国民生计的重要部门开放。

此外，也与小程序目前可以开放接口权限级别有关。例如云盘、下载工具、杀毒软件、清理软件这种系统类工具，需要的接口权限比较高，现在、将来都很难开放给开发者。

以上三种是限制所有小程序开发者的，属于有形的限制。还有一种无形的场景限制，也是之前反复提到的——多数场景是为线下商业量身定制的。没有任何线下资源的创业者，基本没有可能把做一款小程序变成公司的主要经营项目和营收点。

创业者从零开始，为了做一个小程序而整合线下资源，甚至开设线下服务机构的可能性不大，所以这种隐形的场景限制会把有自知之明的创业者挡在门外，同时也会把头脑发热的创业者带进场，做出一些毫无商业价值和用户价值的 APP Demo。至于面向政府机构、公益机构、事业单位开放的服务范围，也不存在太多创业的机会，但如果是做开发服务的又另当别论了。

总体来说，小程序仍旧处在发展初期，从上线到成熟至少需要两年的时间。期间微信也会不断地调整优化。但就从大的类别看，小程序确实覆盖了绝大多数 APP 的使用场景，而且对于 APP 而言，很多低频的场景，小程序也都覆盖到了。目前的主流 APP 只能覆盖部分生活场景，剩下的线下生活场景的占领，就是小程序和所有 APP 之争了。是小程序的技术门槛优势和速度优势胜出，还是 APP 的产品体验优势和用户运营优势胜出？ 我们将拭目以待。但只要小程序覆盖的生活工作场景越来越多，创业者的机会也就会越来越多。

3.3 创业机会

小程序的创业机会主要有两种：一种是"挖矿"的机会，就是基于各类场景红利进行小程序创业；另一种是"卖水"的机会，就是为小程序创业者提供服务。

3.3.1 创业者的机会

传统互联网创业基本是做 APP 或者网站，小程序创业的标配可能就是公众号加小程序加社群了。即便打算做 APP 也同样可以先通过小程序测试产品的可行性，然后用低成本获取用户，进行自己的商业模式和产品测试。总体来说，小程序在以下三个方面相对于别的场景链接工具有先天的优势。

1. 开发成本低

这是小程序最明显的优势。相较于同样功能的 APP 或网站，小程序开发成本非常低。一般而言，去找软件外包公司开发一款分别基于 iOS 和安卓移动终端的 APP 应用，至少需要 40 万元左右的人民币，如果要求体验高于市场平均水平，没有 80 万元的成本基本是不太可能的。而对于自建研发团队的纯互联网公司而言，成本就更高了。一个 10 人左右的研发团队，大概就需要每年 150 万元左右的成本。如果产品比较复杂或用户体量比较大，研发的成本会成倍增加，上不封顶。做网站成本会比 APP 低不少，但也至少需要一半的经费。

小程序的开发如果是外包的，根据目前前端工程师和 UI 设计师的人力成本和项目周期来算，5 万元以内就可以实现所有的需求。而如果精益求精做一些产品和视觉上的优化，10 万元左右的成本就可以做到相当出色了。如果是自建团队，其实也就是一个前端工程师加上一个设计人员的人工成本，每年的开支也不超过 30 万元。还有一点非常好的是，小程序只需要依托微信的开发标准开发，便可以自动适配不同操作系统的使用需求。只要小程序迭代，用户随时打开就是新版本，除了可以节省维护成本、提高更新版本的效率，也可以在一定程度上降低用户的流失率。

2. 推广成本低

这是相对 APP 和网站的推广成本而言的。虽然小程序不存在免费的流量红利，但是在小程序早期基于微信广点通做付费推广，成本肯定会比较低。毕竟用户还处在一个对小程序好奇的阶段，获取用户的难度会小很多。未来很长一段时间，小程序获取一个用户的成本和从这个用户身上获取的商业回报的比例也会比 APP 和网站低。

值得一提的是，小程序的搜索排名推荐机制是比较严格而且短期不会商业化的。这就意味着，如果能够早期做好小程序的关键词优化工作，后续也会陆续带来一些优质免费流量。总体来说，小程序上线的第一年，任何符合微信运营规范的市场运营活动，都会比较容易拉来流量。毕竟是一个全新的事物，在微信的大力推广下，顺势而为的投入产出比应该是可观的。

3. 用户体验好

这个也是相对而言的。同样的团队，一个300万元成本做出来的APP肯定会比花3万元做出来的小程序体验好太多，这里说的用户体验好分三个层面。

首先，同等成本下开发出来的小程序体验肯定远胜于APP和网站。

其次，同类场景下，通过小程序获取服务会比APP和网站更为高效，能够价值直达用户。

最后，同一周期内，小程序的迭代速度和用户需求反馈的速度要快很多倍。

综合来看，小程序时代创业门槛确实降低了很多，而且非常适合MVP精益创业理念。创业者应当充分利用小程序的优势，以最快的速度做出最小可执行产品，进而节省商业模式测试和产品测试的周期。但门槛降低是对于所有创业者而言的，当所有创业者都站在同一个起跑线时，又要靠什么来把握机会、占领先机呢？有资金、资源实力的创业者肯定一直都有机会，但是创意型、思考型创业者更容易施展开手脚。互联网平台建设的成本和周期大大降低，那就要求创业者应该把更多的时间和资源分配在顶层架构设计、用户服务质量提高、后续运营上。在我看来，创业者需要具备以下五种能力，才能在小程序时代脱颖而出。

首先是战略定位的能力

小程序不同于公众号，后者刚起来时多数人都一头雾水，因此存在因为先知先觉而获得的红利。小程序测试阶段就已经在创业圈里炸开了锅，一进场就必然面临海量小程序创业者的竞争。微信官方预测，小程序到 1000 万个的时间不会超过两年。因为公众号做到 2000 万个左右，也就用了不到 3 年。如何在很快成为一片红海的小程序生态内，明确自己的战略定位并找到自己的蓝海是非常重要的，本书的第 4 章中会详细解读。

其次是系统设计的能力

如何基于科学的战略定位设计一个有颠覆式创新的业务系统，是创业者必须要面对的事情。猎豹的傅盛说过一句很经典的话："创业者一定要做颠覆式创新的原因不是为了创新本身，而是为了生存。"在互联网竞争已经白热化的今天，没有资金和资源的创业者如果在业务系统上再不能胜出一筹，很难建立自己的壁垒。本书的第 5 章中会详细阐述。

第三是产品规划的能力

不仅仅是小程序、公众号等微信端平台的产品规划，也包括创业者能够提供给用户的服务产品规划。这是一个广义上的产品规划能力。小程序不像纯粹的互联网产品或者微信订阅号，小程序的宗旨是链接各类生活场景为用户提供优质服务。所以小程序产品背后更多的是配套的服务流程和服务体验。本书的第 6 章中会详细阐述这个问题。

第四是运营管理能力

现在早就不是移动互联网早期好产品稀缺的年代了，靠一款产品引发用户间的传播和裂变的可能性不是没有，但已经微乎其微了。APP 创业已经从重产品过渡到产品运营齐头并进，一款体验好的产品只是降低了运营的难度，后续还是需要靠运营来提升用户的认知、使用频次、商业变现的。小程序的产品研发成本低，意味着抄袭门槛也低，同样一款产品，不同能力的运营团队也会导致完全不一样的最终结果。本书的第 7 章中会详细解读这个问题。

最后是创业融资能力

之前说过小程序创业需要的启动资金少，这是因为技术门槛低的原因。但一旦创业过了启动阶段，后续还有漫长的运维和迭代的过程，这都需要大量的资金来助力企业发展。小程序创业虽然秉承精益创业的理念，但精益创业理念形成的大背景是美国发达的创业投融资环境。在美国，创业者负责解决用户需求和完善商业模式，剩下的则交给专业的资本市场，美国这种比较完善的创业环境下自然可以做到专注创业。但对于中国的创业者而言，由于创业投融资市场远不如欧美国家发达，必须自身要具备强大的创业融资能力，否则必然会面临因为资金链断裂死掉或者因为资金不够充裕陷入发展瓶颈的问题。本书的第 8 章中会详细解读这个问题。

在我看来，具备这五种能力的创业者才有可能在小程序时代分到一杯羹。真正胜出的人其实做任何互联网项目也能成功，只不过小程序时代加速了这些人的成功速度而已。所以，对于这些有软实力储备的创业者才算得上机会，对于更多的人只是来凑凑热闹而已。

最后给出创业者一些个人的判断，以下领域可能会比较容易出现 PC 时代、APP 时代没有的创业机会。

第一类是社交电商

有赞、微信小店 + 微信公众号 + 微信个人号构成了移动电商的1.0 时代。小程序将会使原本就做得不错的移动电商和没有机会发展起来的细分领域的小众电商做起来。微信天然的优势就是适合做社交化电商和社群电商，而小程序又解决了所有的体验层面的问题。再加上，微信在电商领域的布局必然绕不过小程序，支持力度也会比较大，社交电商的机会肯定是比较多的。

第二类是工具创业

小程序适配的场景中，大量需要工具类的小程序。很多创业者很早也就看好这个方向，不管是企业办公、效率工具，还是健康工具等。这种工具创业最符合小程序的价值定位，用完就走。

第三类是内容创业

对于有公众号、社群运营经验的创业者来说，做一个内容类的小程序成本低于 APP，又可以和公众号无缝对接，这也是变现的一个非常好的手段。最早一批的内测号中，就有几个原本做内容创业的公司。可见，微信是比较重视这个领域的。而且内容创业的维度很广，小程序服务的第一大类是富媒体，基本上囊括了内容创业的各种类别。

第四类是软硬结合

小程序服务范围里新增的一项就是和硬件结合，长远地看，做各类智能硬件的创业者可以通过小程序来开发自己的移动端平台，既节省成本，也能够更容易地利用微信社交媒体的资源。

第五类是在线咨询

这个领域的想象空间是非常大的，无论是在线法律咨询、管理咨询还是医疗咨询、教育咨询，都非常适合开发小程序。尤其适合公众号加小程序、社群的组合拳打法。当然，这类创业的前提是能够提供优质的服务，否则门槛再低，也没有机会赢得用户。

第六类是 SaaS 平台

SaaS 是 Soft-as-a-Service（软件即服务）的简称，是在线企业服务平台，比较适合通过打通企业微信和小程序的方式开发。各类人力资源系统、销售管理系统等，原本就适合基于企业微信做深度开发，通过打通小程序，可以实现的功能就比较强大了。这其中无论是帮企业进行定制开发还是做通用的在线工具，都有很多创业机会。

第七类是地方门户

从 PC 时代，很多个人站长就是做地方门户的，到了微博比较火的时候又转移到了微博上，公众号起来后又转到了公众号上。到现在为止，几乎每个有地名的地方都存在一个互联网平台。但做得出色的很少。结合公众号和小程序做地方门户肯定是有机会的，而且随着中国政府特色小镇规划的推进，基于特色小镇的地方门户的机会是非常大的。无论是生活服务类黄页，还是区域旅游的机会都会比较多。

第八类是金融服务

对于金融行业而言，没有什么比解决用户成本的问题更重要的了。无论是互联网金融还是传统金融机构，通过小程序加公众号矩阵的方式为用户提供服务，获取用户的成本会大大降低，用户端的体验也会比较好。

以上八类是从使用场景的角度划分的，除此之外，如果创业者熟悉细分群体的需求，也可以挖掘不少创业机会。

例如，中老年群体，他们中的很多人已经开始使用微信，而且这个群体的人一旦开始使用，频次会不断提升，中老年群体很需要通过微信全方位享受互联网带来的便捷。

再者，高校研究生和博士生群体，也会存在一些垂直的小需求，例如论文检索、论文查重等。

各类亚文化群体，如二次元群体等，各类职业圈层，如律师群体、心理咨询师群体、医生群体等，这些人的需求也同样会产生很多创业机会。

当然，以上所有的机会都没有 C2W 也就是 Copy to Wechat（复制到微信）的机会多。小程序的前期可能会像当年公众号跟传统媒体的碰撞，难免鱼龙混杂。可以预见的是，只要微信不加以控制或者缺少出色的审核团队，抄袭问题一定会出现。直接抄袭肯定是为人不齿的，因为不仅是道德问题还存在法律风险，创业者切莫这样做。

但是，微信上线小程序的意图，原本就不排斥创业者将国内外优秀的 APP 创意移植到小程序内。移动互联网的用户很大一部分没有使用 APP 的习惯，这其实也是一个绝好的机会，实际上很多拿到内测号的企业第一批上线的小程序，在产品创意和交互逻辑上很多都是借鉴已有的 APP。他们没有说破，微信也没有点破。

我本人不鼓励这种做法，因为其缺少持续性。没有产品能力的企业，很难走得长远。但从理性角度看，肯定会有一大波 C2W 的创业机会产生。微信如何控制这个问题，我的建议是谨小慎微的同时量力而行。审核太严会影响生态快速扩张，同时也会加重负担；监管太松会给微信自己带来知识产权方面的风险。至于创业者，我只想说，抄还是不抄，不如先问问自己的内心。

3.3.2 服务商的机会

小程序时代，"挖矿"是竞争最激烈的，"卖水"的就相对好很多了。小程序创业的各类服务商扮演的就是"卖水"的角色，自然存在大量的创业机会。一种技术成为潮流和一个生态快速成长都需要成熟的第三方服务商。微信给出的前 200 个内测号有不少都是原来微信的服务商，他们都是长期以来围绕微信生态圈创业的合作机构。服务商的机会主要有四类。

1. 技术服务

很多企业是没有能力做小程序开发的，所以技术服务类应该能够持续地火下去。从小程序内测开始，广深北三地就开始出现了不少小程序定制的技术服务公司，这些公司多是原来从事 WebAPP 或 H5 开发的。技术服务类的商业模式通常是两类：

① SaaS 平台：主要是采用收费的模式。给用户提供各类素材库、模板库等，通常会有免费版和付费版。小程序智能生成平台将会比 WebAPP 智能生成平台更容易做大、做强。

② 定制外包：主要是基于小程序做定制化的开发。定制外包的模式其实会有非常多企业介入，盈利模式简单，后续的可拓展性强。

定制外包模式和智能生成平台其实也可以合二为一，总之都是为企业提供小程序开发的。

2. 全案咨询

和单纯的技术支持不同，全案咨询通常会提供从产品策划到技术开发到运营指导，再到市场推广的一揽子解决方案。更像是基于小程序的创业咨询或互联网转型咨询。这种模式单价高、需求量少，而且门槛高。只有包括产品、技术、设计、运营、营销甚至商业模式和战略规划人才的 IT 咨询公司或管理咨询公司才能做。

3. 营销推广

小程序介于 APP 和微信公众号的推广难度之间，是需要专门的推广团队的。营销推广外包公司可以一揽子解决微信小程序的营销推广问题。包括渠道优化、营销策划、品牌推广等的服务。此外，可能会延伸出一个全新的服务就是WSEO，也就是基于微信搜索生态的SEO。微信内置搜索是打开小程序最重要的一个入口，这和搜索引擎时代找网站的思路是一样的，也需要专门的优化人员。

4. 教育培训

移动开发、订阅号开发、HTML 5开发都经历了先有产品→出现爆款→出现职位→职位急缺→开始出现培训的发展轨迹，所以小程序员培训是必然的结果。可能有的培训项目有：小程序技术课程、小程序产品课程、小程序运营课程、小程序营销课程。小程序时代的服务商门槛虽然不是特别高，但还是有的。如果原本就有这些资源和经验沉淀的创业者，其实可以绕开竞争激烈的小程序创业，专门为小程序创业者服务。

第4章

战略

2017 年是小程序元年，很多创业者和传统企业都会跟风去做小程序，但不是随便做出一个小程序都有价值，这个需要创业者想清楚。而且自小程序内测开始到上线，媒体和创业圈关注度之高前所未有，可以预见的是小程序时代的竞争会极为激烈。激烈的竞争环境对创业能力的要求将有所提高，而创业者的战略能力将会直接影响能不能在小程序时代分一杯羹。这里所说的战略能力就是指围绕小程序创业或者互联网转型升级，做出清晰定位和做科学规划的能力。

战略是一个非常宏观的范畴，我们这里只谈战略定位。也就是说在小程序时代，做一个什么样的创业项目或者朝着什么样的方向围绕小程序做转型升级。战略定位是战略管理中最重要的一个环节，也是决定生死的环节。价值在于做预判，通过方法论和经验找到大方向。没有合理的战略定位，后续的所有工作可能都会沦为无用功。对自身实力和资源沉淀越熟悉，对未来的发展预判能力越强、战略定位越清晰，越不会陷入迷茫。战略定位对于初次创业者和传统企业的互联网转型项目尤其重要。

战略定位的本质其实就是做差异化，通过差异化的定位建立企业自身的核心竞争力，进而建立自己的壁垒。传统行业会比较重视战略定位，因为传统创业对资源沉淀有要求，对企业在产业链上的定位也有要求，但在产品层面的差异化相对弱了一些。

相反，很多互联网行业不是非常重视战略层面的差异化定位，但是产品层面的差异化定位还是比较关注的。互联网行业常用的需求分析、竞品分析的方法论其实也是为了找到产品层面差异化的定位。

最早的战略分析的框架其实不太适合互联网＋时代的创业，多数已经过时，或者被更好的工具所替代。小程序时代的创业会有大量的互联网＋传统的项目产生，所以做战略定位的分析框架最好是结合传统行业和互联网行业进行。

战略定位其实是一个比较综合的价值整合体，不同于单一的产品创新、技术创新，甚至商业模式创新。战略中最重要的一个环节其实就是战略定位，有了这个预测的前提，才有后续的发力点。做战略其实和"杨过练剑"是一样的，战略定位就是练一把重剑，等到举重若轻时就可以换一把木剑，这个时候就是要轻巧，就是基于定位灵活地执行，最后就不需要剑了，和用户的需求融为一体，及时反馈、及时迭代。

笔者提炼出三个分析框架，分别是价值分析、需求分析、竞品分析。创业者可以基于框架找到自己的差异化价值、满足用户的差异化需求、构建差异化的竞争策略，进而完整地梳理出自己的差异化战略定位。

4.1　价值分析

做价值分析之前，创业者需要知道自己适不适合做小程序。很多小程序创业者是传统行业出身的，不是所有的传统企业都可以去做互联网＋。

具体要看处在产业链中的位置。一般而言，产业链上游的企业不用特别在意品牌和用户关系的维系，如果具备了渠道掌控和核心技术等核心竞争力，通常就可以活得非常好，这样的企业做互联网＋的意义就不是特别大。

如果是下游直面用户的企业，需要的核心竞争力就必然包括品牌、客户维系、客户开拓、市场营销等，此时其实是可能通过互联网＋的方式提升核心竞争力的。例如，一个铅笔制造的产业链，上游的木材、原材料、加工，需要的最核心企业竞争力是制造、研发。

但下游的铅笔品牌和门店，需要的核心竞争力就是品牌、经营、客户维系等。如果是下游的铅笔品牌或文具连锁店，是可以去做互联网＋的尝试的。笔者所说的可以基于小程序做互联网转型的传统企业，通常是指处在下游，可以直接面对用户的企业。

确定了自己是适合做互联网＋转型的企业或者原本就是互联网出身的创业者，需要学会从宏观的角度分析整个行业的周期，根据行业发展趋势来确定进场的时间和进场的姿态。这一部分，本书就不赘述了。因为现在正处于小程序的红利期，绝大多数行业的下游企业和小程序的结合都是值得做的，肯定是进场的最佳时间。至于进场的姿态其实还是取决于创业者自身的实力和心态，是一把 All in（全押）还是边走边看，其实并没有对错之分。原本每个人对机会的判断力和把控力都是有先天差异的，旁人也影响不了多少。

关于价值分析的理论框架，目前最具有生命力的就是蓝海战略理论，也就是从用户价值的角度来梳理战略定位的方法。蓝海战略不是指找一个没人做的领域去做，而是指把企业的资源尽量调配到更有利于业绩增长的领域，其实主要是把靠谱的资源放在靠谱的事情上。

再进一步说，在这个用户至上的创业时代，企业应当把优质资源放到用户心智中比较重要的位置，就是站在用户的角度做一个比较新的定位再进行创新，这也是一种障眼法的套路。因为不管做的事情对企业而言是不是创新的，只要能够在用户心智中产生一种创新定位的认知，这其实就是发现了蓝海。

这种蓝海在互联网领域非常多见，互联网对传统的颠覆往往就是这种类似障眼法的策略。就拿互联网金融之于传统金融、法律电商之于传统法律而言，其实从业务层面看没有什么本质的变化，甚至商业模式中也只是加入了一个互联网平台调整了业务系统，但对于很多用户而言，这已经是一个全新的品类了，是基于互联网而生的全新品类。

对企业来说这种基于传统的微创新难度并不是非常大，但是却可以在用户心中培养出一个全新的品类，进而扩大市场的边界，甚至也可以使大批非顾客群体成为这个品类的消费者。当然这种新的定位，需要重新调整成本结构，尤其是传统企业需要剔除很多产业链上没有价值的利益相关者，组织架构也可能会随之调整。这些也是有潜在风险的。

如何找到这种用户看来是创新的品类，对于企业而言又不会投入非常多的成本，也就是一个高投入产出比的方向呢？

蓝海战略的分析框架主要通过做价值链分析，然后基于价值链找到这种可以输出有效价值的战略定位。所谓"价值链"就是企业为用户打造一整套的独特价值，有些价值是用户非常在意的，而且会影响用户的行为，但有些价值用户就会毫不在意。

蓝海战略其实就是把最核心的资源放到用户最能感受到的环节上。例如，在东莞樟木头某工厂聚集区做一家饭店和在中关村创业大街附近做一家饭店，定位完全不同，前者需要提供高性价比的餐食和较短的上餐时间，用户最能感知到的环节就是好吃、便宜、快，如果能够做到这些，就很容易脱颖而出；而后者可能更需要在餐食之后附加更多别的东西——就餐环境，甚至创业氛围等，用户除了好吃可能更容易感知到装修、氛围，甚至服务员的素质。

当然这也受企业的核心价值影响，例如，香奈儿、LV 和ZARA、H&M 各有各的核心价值，CHANEL、LV 本身卖的就是购物体验；ZARA、H&M卖的就是高性价比的东西，用户群体和用户期许原本就是不同的。

其实无论是蓝海战略、长尾战略，品牌、品类定位战略，还是通过视觉感知做区分度都是在找差异化。因为只有有了差异化，才能占领消费者的心智空当。在小程序时代，用户在微信力推之下把小程序看成一个全新的技术和新的互联网形态，消费者的心理空当会非常之多。从用户心智的层面看，无论是产品、服务，还是视觉、文字，甚至思想、品位都存在很多心理空当，这对于创业而言是一个极好的机会。

对于互联网行业而言，这可能是微信对非微信阵营的绝大多数产品的一次洗牌。越早占领用户心智的产品，越容易使用户将某个品类和其联系起来，越容易享受小程序时代的红利。对于打算立刻进行小程序创业的人来说，应该理性分析自己要做的事情是否优化了用户价值链的某个环节或者填补了价值链上的某个空白，如果不是，就应该冷静下来，看看是否有创业的必要性了。

诚然，不能满足用户价值的产品是没有意义的，但除了考虑用户层面，创业者在做战略定位时还应该考虑自己的项目，长远看对产业链上利益相关者是否有价值。前面已经说过，如果在进行创新定位的时候可能会伤害到原本产业链上的利益相关者，也会带来无谓的风险。尤其是颠覆式创新，往往会伤及其他同行的利益，会导致不必要的风险。中国抱团扎堆的情况还是很常见的，一个企业做的事情如果违背了行业规则，必然会遇到阻力，这也是不得不考虑的因素。

再长远地看，战略定位对共同体是否有价值？最大的共同体是人类社会和国家，但从商业角度看，共同体往往不是从利益关系看的，而是从对外整体输出价值的角度看的，共同体是超越了产业链更高维度的一个概念。是否对所在的共同体有价值决定了一个项目在商业上的可扩展性和社会舆论的支持性。

例如，滴滴打车可能在产业链上伤害到了某些人的利益，但是围绕车的共享生态来看，滴滴打车对车生态这个共同体是有价值的，商业上的可扩展性和社会舆论的支持性肯定会越来越高；例如，法律共同体，不仅仅包括律师行业也包括法律协会、法律教育、法院、法学院、检察院等；例如，法律领域的icourt，某种程度上填补了法律协会的职责，培养青年律师；例如，金融共同体，除了金融机构也包括金融媒体、金融学者、金融政策机构等，很多金融的创新企业对共同体是没有正面价值的，但一段时间后也获得了商业上的回报。在我看来，对共同体输送如果不是正面的价值，即便短时间内是有生存空间的，也很难具备商业上的扩展性和社会舆论的支持。

小程序时代可能会出现一批更高维度价值的项目，因为投入成本变低，很多情怀类的项目会出现。不少创业者可能会做一些对社会和国家有价值的小项目。例如，普及传统文化的项目、解决某个社会问题的项目，这些都是创业，虽然商业价值可能会比较低，但是从更长远的角度看，对创业者而言价值可能更大。

当创业成本非常高的时候，为了情怀去创业其实有些不太理性，但如果一个很小的成本可以帮到别人，很多人就不一定会为了商业回报而去做事了。也可以说，小程序时代，情怀创业的成本极大地降低了。中国拥有群体意识很强的社会文化，对社会有价值的创业一旦得到大众认可，就算没有直接的金钱回报，也会有别的收获。

4.2 需求分析

互联网行业不谈战略谈产品规划，但道理是一样的，产品规划的过程就是基于各种条件解决用户某种需求的过程。例如，暴风影音和微信分别解决了用户在线观影和在线社交的需求。这里使用的需求分析框架主要借鉴互联网行业产品规划的方法论，但外延会大一些。

需求就是用户在遇到问题和麻烦时希望得到的解决办法，而解决用户需求，需要的就是提供产品或服务。需求分析之所以列入战略定位的第二个环节，因为只有通过需求分析才能确定需求定位，进而才能确定要给用户提供什么样的产品和服务。需求分析一共可以分为以下几步。

第一步　用户定位

分析需求的前提是锁定用户群体，明确要分析的对象是什么？可以通过对目标用户进行用户模型的构建，确定要面对的用户到底是什么样子的，然后通过调研去了解用户，根据他们的目标、行为和观点的差异，将他们区分为不同的类型，然后每种类型中抽取出典型特征，例如，一些个人基本信息，家庭、工作、生活环境描述，赋予一个名字、一张照片、一个场景等，就形成了一个具象的典型用户画像。

人物角色一般会包含与产品使用相关的具体情境、用户目标或产品使用行为描述等。为了让用户画像容易记忆，可以用具体的名字、标志性语言、几条简单的关键特征进行描述。

为用户做画像是用户定位这个环节中非常重要的一步。无论是传统行业还是互联网行业，做小程序的最终目标是为用户解决问题、提供服务或产品。只有明确了自己的用户主要画像是哪几个类型，才能有针对性地提供服务方案。

例如，如果锁定人群是 18~22 岁左右的大学生群体，那么就要根据这个用户人群的定位，做用户模型的构建，最终形成清晰的用户画像。过于抽象说明用户群体不利于后续工作的开展，无论是产品还是运营工作，都需要依据明确的用户画像。可以基于 18~22 岁这个用户人群，至少做出 8~10 个用户模型。正常男生、女生各 3 个用户模型，学霸、学渣、学神，特殊群体如果也是锁定的未来用户群体，也应该做建模，二次元、富二代等。

用户画像是最直接理解用户建模的方法，方便后续各类工作的开展。对于产品经理、运营经理、设计师，可以统一用户认知基础，大大提高团队的沟通效率。做任何方案时，如果产生了分歧，其实可以基于初期建立的用户画像来选择最适合的方案。

第二步 挖掘需求

定位好人群了，但到底怎样才能挖掘出目标人群的需求呢？挖掘用户需求可以分两个部分，一个是获取信息，另一个是需求分析。

获取信息常用的方法有两种，一种是问卷，一种是访谈。无论是问卷还是访谈，都不要被用户误导，应该能够分辨出哪些用户的需求是伪需求，哪些是言不由衷的。通过问卷和访谈，可以初步找到用户的真实需求。

然后把用户的这些需求分成等级，对需求进行分析，有人会采用需求层级分析法，有人会采用马斯诺基本需求模型，但更多的人采用 KANO 模型，更为简单也比较具有可操作性。

KANO 模型定义了三个层次的顾客需求——基本型需求、期望型需求和兴奋型需求。

基本型需求：产品需要满足用户最基本的心理诉求，如果最基础的体验没有提供完整，用户会很快流失。

期望型需求：这个环节是用户与产品互动的环节，一旦用户期望的需求得到了满足，对产品的认可程度自然会大大增加。

兴奋型需求：往往存在于用户内心的最深处，但是一旦挖掘出来，并且超越了用户的期待，用户就会对产品产生情感共鸣，进而更加认可产品。

第三步 需求排序

挖掘出来的需求只是从用户层面做了一个分类。如何应对需求的重要性和紧急性，还需要基于企业自身的情况和项目开展的步骤做一个优先级排序。其实可以将需求分为 4 挡。

第一挡是重要紧急：通常情况下重要紧急的需求往往就是一款产品的核心价值所在，肯定是排到第一位的。例如，一个为企业提供管理咨询服务的小程序，语音咨询、提交信息肯定是重要紧急的需求。没有这个基本就是没有价值的，同时基于小程序的基本服务流程的设计肯定也是重要紧急的。

第二挡是重要但不紧急：重要但不紧急的需求也充分体验产品的核心价值，但是可以排期延缓。例如，对于一个效率工具类的小程序，持续优化交互体验肯定是一件非常重要的事情，但是并不紧急，可以随着后续版本的持续迭代而不断完成。

第三挡是紧急但不重要：这样的需求就很多了，很多临时性的需求都是紧急但不重要的。例如，为了配合市场活动做的很多服务和产品优惠，或者 Banner 的优化等，这些往往是比较紧急的，但是就算没有并不会影响整个项目的进展。

第四挡是不紧急也不重要：这种通常都是分析之后发现的用户伪需求，也没有任何商业价值的，或者是决策者立项之初，脑补出来的很多需求，很长一段时间内都没有用户价值或商业价值。

需求分析看上去是在分析用户的需求，其实是在分析哪些用户需求值得满足也更有价值。之前提到过蓝海战略，也讲到过类似的东西，就是要把企业最有效的资源放到用户最容易感知的环节，说的也是这个道理。需求分析既不能完全站到自己的角度脑补用户，也不能完全依照用户的需要做分级。

用户最想要的是什么，属于核心需求肯定要满足。例如，一个地图小程序肯定是要有地图功能的，这个是最核心、最基本的需求，但是剩下的就不好说了，基于调研发现用户可能更希望在地图上有更为便利的O2O服务，或者便利店、咖啡馆、卫生间的位置指引，在都能够满足期待型需求的情况下，优先做哪一个或者哪一个更有商业价值，这些就要深入分析了。

举个和小程序无关的例子——锤子手机。在安卓用户看来，性能是一款手机的基本需求，性价比越高的手机也越能够满足其基本需求。期望需求就是能不能是一款工业设计有格调的手机，或者是手机的功能和软件有惊艳的体验。兴奋性需求就因人而异了，品牌文化的认同感、售后服务的温暖感、购买流程的流畅和良好的体验等。

锤子手机的品牌调性非常好，营销能力也很强，而且赋予了手机前所未有的人文情怀，可以说锤子手机从一开始就超越绝大多数的手机产品，能够满足用户的兴奋性需求。而且从T1，就极为重视手机工业设计和内置操作系统的开发，让人有惊艳的感觉。

但是在安卓手机市场集体拼硬件性能的情况下，T1的硬件落后不止一年，所以T1以失败告终，后来T2并没有总结教训，仍然是绕过用户的基本需求不满足，把资源放在其他地方，最终仍是销量不乐观。

后来做M1的时候，锤子终于明白了一个需要面对的现实，就是在国内手机厂激烈意竞争的环境下，高性能、高性价比的手机已经是用户最基本的需求了，而其他的都是解决这个需求之后用户才能感知到的价值。到了 M1，无论是友商还是测评从业人员已经没有太多的负面评价了，而销售量也增加了很多。说到底老罗的失败或绝地反击，基本上是取决于对用户需求的准确把握。情怀也好，面子也好，都不能替代用户对一款靠谱手机的基本需求。

关于需求分析就说到这里，最后给创业者提一些建议：

1. 没有被满足的需求必然存在机会

没有被满足的需求不是指从来就没有人做过的，而是指通过别的途径验证过用户存在某类需求，但目前实现的形式还有待完善。

2. 不要刻意限制需求频次的高低

在小程序内测不久后，很多所谓的专家就说小程序只适合低频刚需的创业。刚需是没错，但未必高频的就不能做。低频、高频都是企业分析用户的视角，肯定是需求频次越高，自己的创业就越有机会。如果高频刚需在微信生态内被满足，怎么可能没有机会？站在微信的立场，它是不希望人的行为去干扰它的产品生态，打扰它的产品体验的。但是站在创业者的角度，不要愚蠢地这么认为，做一款小程序，体验再好，如果用完一次就走了，商业价值何在？

3. 尽量挖掘线下服务场景中的需求

微信官方是想通过小程序实现线上线下的服务无缝对接，纯粹线上的场景已经几乎被巨头垄断了。

4. 做适合微信矩阵的小程序

小程序创业一定是微信矩阵的打法才能活下来，小程序虽然是一个枢纽，但一定要根据微信矩阵中的其他产品的定位，做适合后续运营的小程序。

5. 多挖掘重度垂直人群的需求痛点

小程序本身不具备留存用户的功能，和PC时代的网站比较类似，如果不能挖掘重度垂直用户的需求痛点，就必然缺少黏性，可能还不如公众号更有价值。

4.3　竞品分析

"竞品分析"一词最早源于经济学领域，是指对现有的或潜在的竞争产品的优势和劣势进行评价。兵法有云：知己知彼，方能百战不殆，竞品分析就是一个知己知彼的方法。

通过需求分析可以锁定哪些是要实现的用户需求，而通过竞品分析可以知道竞争对手是如何实现这个需求的。竞品分析简单地说就是解构和建构的过程。所谓"解构"就是通过对竞品的不同维度的梳理，研究透彻竞品并找到其利弊的过程，也是绕过创业弯路和雷区的过程，除了熟悉竞争对手的产品，更重要的是基于竞品的失败教训，做出更出色的升级版。所谓"建构"，就是通过竞品分析找到差异化定位，以及如何通过更好的方式满足用户所需。

做竞品分析无论是对于互联网行业还是传统行业都很重要，无论是提供有形还是无形服务，市场上肯定有类似的产品实现过同类的功能。互联网发展至今，除了极少数领域的创业找不到竞品外，基本都有可以参考的对象，当然有很多竞品做得并不好。

小程序创业者其实可以找到大量这样的 APP 或网站，甚至是公众号，此时就要重点分析其他产品并没有基于同样的需求获得用户的认可或商业上成功的原因。是竞品做得不够好，还是需求没有找对，还是即便满足了用户这个需求也没有任何商业价值。互联网创业存在大量满足了用户需求却很难商业变现的产品，参照竞品最大的好处就是可以清楚地知道从商业角度如何进行取舍。

首先应该确定竞品分析的范围。竞品分析对象分为直接竞品和间接竞品。直接竞品很容易理解，例如，用户很无聊想看视频，那么优酷、土豆、爱奇艺都能满足这个需求，他们互为直接竞品。如果用户想在线购买 P2P 理财产品，那么所有提供相关服务的都是你的竞品；间接竞品就比较多了，例如用户无聊想看视频，但事实上化解无聊的产品未必一定是看视频，打游戏、听音乐都能满足这个需求，故而，对于一个视频平台而言，游戏、音乐等泛娱乐产品都是间接竞品。此外还有潜在竞品，小程序的市场存在大量潜在竞品，只要具备同类型资源的企业其实都可能成为创业者的潜在竞品，但竞品分析时一般很难做潜在竞品的分析。

选择竞品分析对象的范围时有一个简单的办法。根据 80/20 原则（80/20 rule）密切关注 20% 的竞品即可，主要集中在你的三种竞品中，一是行业代表性产品；二是和企业资源匹配的竞品；三是实力相当的竞品。

竞品范围确定后，可以基于五个维度分析竞品——商业模式、用户群体、产品服务、平台功能、运营方法。分析、体验、调研是常用的竞品分析方法，这里就不赘述了。

最后需要提醒创业者的是，从战略的角度来看小程序只是基于微信平台的一个链接工具而已，创业者不能放大对小程序的期待。

不管站在创业者的立场看小程序多么低成本适合创业，但对于用户而言都不重要，重要的是这个场景链接工具会不会比 APP、网站、公众号更好用、体验更好。与此同时，还要考虑将场景和用户打通之后，创业者能不能给用户更好的服务和产品，后续能不能产生商业变现。

说到底，战略就是一个有关有效输出用户价值和获取商业价值的事情。

第5章

系统

所谓"系统"主要是指商业模式中的业务系统。从互联网兴起至今，传统企业对业务系统进行变革的尝试便屡见不鲜。很多出色的互联网企业就是基于传统行业的商业模型进行了系统变革而成功的。

互联网作为一个链接的工具，对于传统行业而言，最容易引发的变革也是这个层面的。但在小程序时代之前，互联网转型的成本高、效果差，很多传统企业望而却步。同样因为互联网创业的成本在增加，很多互联网创业项目也无疾而终。以至于长期以来，在企业家和创业者眼中，互联网创业就是烧钱的商业，没有千万元以上的资金，商业模式跑通都可能没有机会看到。

小程序时代，技术门槛大大降低，获取用户和维护用户的成本也在一定程度上拉低很多。加上微信完整闭环的生态圈，基于传统行业的系统变革而滋生的商业机会比比皆是。很多之前没有做成的创业项目和跑不通的商业模式，在小程序时代可能就会从不可能变成可能。

围绕小程序和其背后的微信生态，建立一个有商业价值的业务系统是创业者首先需要调整的一个理念。了解业务系统，首先要从了解商业模式开始。

5.1 商业模式

商业模式就是将一个企业或一个项目的核心价值系统化、逻辑化、商业化的一种呈现。

商业模式是平衡用户价值和商业价值的载体。没有用户价值的项目，不管从逻辑上还是从社会价值上都不能持续输出商业价值。反之，没有商业价值的创业，最终也很难坚持到最后。任何一个创业者，除非是为了做公益而创业，都需要做到平衡这两者。关于商业模式的说法，一直流派甚多，简单地说就是三大类。

5.1.1　盈利模式论

持此论调者认为商业模式就是盈利模式。简单地说，商业模式就是企业如何挣钱的模式。例如，新闻门户网站靠广告费挣钱；书店是靠出售书籍挣钱；律所和咨询公司是靠律师和咨询师提供的服务挣钱；饭店靠提供美食挣钱，等等。

盈利模式论用来解读传统行业比较行得通，但在新兴行业尤其是互联网行业面前略显吃力。很多创新的商业模式很难在短期内看出其盈利来源，即便日后有盈利来源，可能也不是提供的服务或产品本身。有人戏称"羊毛出在狗身上，猪买单"，可见一斑。

5.1.2　价值创造论

持此论调者认为商业模式就是企业如何创造价值的模式。价值的内涵不仅仅是创造利润，还包括为客户、员工、合作伙伴、股东提供的价值，以及在此基础上形成的企业竞争力与持续发展力。简单地说，价值创造论认为商业模式是反映了为利益相关者创造了何种价值。

例如，饭店为消费者提供了美味的菜品，为股东提供了收益，为员工提供了工作场所和成长机会，为上下游供货商提供了持续的生意机会和经济回报。对于互联网企业也可以如此分析，例如，媒体类互联网创业，为用户提供了优质内容，为作家提供了传播平台，为商家提供了广告宣传的阵地，为股东提供了收益回报和资本市场的回报。

价值创造论其实是从多方利益均衡的角度看商业模式的优劣。

这种理论更适合解读一个成型的商业模式，无法作为商业模式创新的方法论，可以说理论价值大于实践价值。而且，价值创造论习惯于从宏观视角分析，得出的结论很容易不切合实际。

5.1.3 业务系统论

此理论认为商业模式是一个由很多因素构成的系统，是一个集合。持此论调者多是尽可能地罗列这个系统中可能出现的因素，以求大而全。例如，托马斯认为商业模式是开办一项有利可图的业务所涉及流程、客户、供应商、渠道、资源和能力的总体构造。麦歇尔和库勒思认为商业模式是一个组织何时（When）、何地（Where）、为何（Why）、如何（How）和多大程度（How Much）地为谁（Who）提供什么样（What）的产品和服务（即7W），并开发资源以持续这种服务的组合，中国学者也有类似论调。

系统论很像社会科学领域的各种综合学派，诸如综合法学派、综合经济学派，以集大成者自居，实则是无法精确表述事物本质的妥协之举。用系统论来分析或设计一个商业模式很容易无从下手，也是理论意义大于实践意义。

中国学者魏炜和朱武创造性地提出商业模式的六个维度——战略定位、资源能力、业务系统、盈利模式、自由现金流结构、企业价值。而其中的核心概念是——业务系统，强调整个交易结构的构型，交易方的关系和角色；战略定位，强调满足顾客需求的方式；盈利模式，强调与交易方的收入、成本结构；资源能力，强调支撑交易结构的资源、能力分布状况；自由现金流结构，强调在时间序列上现金流的表现结果，这五个要素都可以看成是业务系统在不同侧面的映射或者反映，而最后的企业价值是商业模式创新的目标和最终实现的结果。魏朱模型的六要素模式是比较综合的，尝试囊括商业所有核心要素；这个模型最大的价值是分析商业模式而不是设计商业模式。

创业者在具体操作时，可以基于这个模型做减法，简单地说，商业模式就是解决两个核心问题：如何运转、如何挣钱。如何运转靠的就是业务系统，如何挣钱靠的就是盈利模式。业务系统就是指企业在赖以生存的产业链条上基于各利益关联方的需求，基于契约形成的一种组织关系。简单地说，就是企业需要一种模式来帮助利益关联方都能在同一个链条中得到好处，然后还能有一个具体的业务系统来承载多方利益的博弈。一个好的商业模式就是可以妥善处理这两种问题的一种组织形式。

盈利模式就是挣钱的模式，指企业通过业务系统的哪个环节或哪几个环节获取利润。纯粹的互联网盈利模式，常见的有广告收入模式、产品服务模式、业务分发模式等。当然，也有免费模式，对于企业而言，免费模式运营过程中可以在资本市场不断地融到资金，最终同样可以实现盈利。随着资本寒冬的到来，免费模式的市场已经越来越小了。

小程序创业者应当非常重视商业模式的设计，在创业门槛降低的情况下，商业模式是建立壁垒一个很重要的环节，尤其是商业模式最核心的部分——业务系统。

能够建立壁垒的商业模式通常有以下几个特点。

① 独特的价值定位：业务系统的设计最能够体现出企业在行业内的资源沉淀和角色定位。结合企业自身资源，如果能在行业内找到独特定位，便可以为产业链的价值增长贡献独特价值，自然会建立自己的壁垒。

② 有关键资源能力：具备关键资源能力的商业模式，才能通过自身资源建立壁垒。企业的关键资源能力和设计的商业模式应当是匹配的。不仅足矣支撑其商业模式的正常运转，也可以让普通的竞争对手无法模仿自己的商业模式。资源可以分为有形资源和无形资源、内部资源和外部资源。资源是一个动态的要素，可以随着企业的成长而不断变化，企业不必过于拘泥于现在所掌控的资源，但必须清楚的是，资源类型应当和企业未来的战略规划和商业模式特点相配，不能南辕北辙。

③ 具备持续增长性：从用户的环节看，持续增长的前提是能够找到可以掌控挖掘用户的渠道，或有足够的能力降低用户获取的成本。例如，如果是一个餐饮O2O的项目，如果没有足够可控的线下渠道，可以持续为企业带来用户，那么就要有足够强的互联网运营和营销团队可以持续地带来低于市场价很多的用户。从产业链的角度看，持续增长的前提是能够持续地为产业链中的利益相关方提供价值增值，具备可持续合作的能力。

④ 符合外部环境趋势：只有符合外部环境的趋势，才能够减少商业模式的运营障碍，顺势而为才是王道。外部环境可以分为四个维度。

* 宏观经济形势：这是判断大方向的。
* 行业周期趋势：行业周期趋势会直接影响行业周期资本市场风向（互联网行业的资本周期性）和消费趋势，以及媒体舆论风向。这个主要是指创业者所在行业是否处于一个上升的趋势。
* 外部技术环境：硬件的发展、软件技术、数据处理技术都是外部技术环境的重要组成部分。当然对于小程序创业而言，微信就是其最重要的外部技术环境。
* 外部政策环境：宏观意义上的外部政策环境可以包括法律法

规、国家政策、地方政策、行业政策等几个方面。

⑤ 商业模式合规：商业的起点是商业模式，商业模式的存在前提是合规。价值链条上的各方如何在法律的框架内获取合法的权益，而承载这些合法权益的业务系统本身又是否受法律保护。要做到让一切不可控风险扼杀在商业模式设计之初，将一切可控风险禁锢在完美系统内。

商业模式合规就是依据有关法律法规、行政规章和相关政策，对商业模式核心要素的合法合规性和有效性进行逐一审查，并对相关法律风险进行识别、提示，提出法律合规风险防控措施或建议的专门工作，主要是对业务系统中的交易架构进行合规审查。

交易架构带来的风险可以分为动态和静态两种，交易架构会随着企业的经营策略调整而发生变化，当然会产生动态的法律风险，但这种动态风险通常由于初始交易架构不合规而导致。所谓正本清源，如果初始的交易架构不合规，即便日后投入再多的精力也难控制不断产生的新风险。

交易架构不符合有关法律法规、行政规章和相关政策，就会产生法律风险，进而导致法律责任，商业模式的崩塌也会成为必然。为保障商业模式的合法合规性和有效性，合规审查一定要贯穿商业模式设计和实施的全过程。

商业模式合规性主要体现在交易标的合规、交易结构合规、交易流程合规和交易规则合规四个方面。交易标的合规比较容易理解，主要是看这个产品和服务是否符合法律法规的规定。交易结构、交易流程和交易规则是企业与利益相关者交易过程中涉及的三个要素。交易结构反映的是某一笔交易或者某个交易模式中的交易主体、交易标的、两两交易主体之间的法律关系。交易流程反映的是交易的顺序，能够说明交易遇到关键节点时如何进行。交易规则则是交易应遵循的制度及合约等。商业模式合规审查中，要针对交易结构、交易流程、交易规则检索和相关的法律法规，一一拆解和分析，以确定其是否完善、合法并具有可操作性。

在创新度比较高的行业，业务系统下的整体交易架构和交易规则的合规审查比较难，但交流流程的合规审查是完全可以做到的。不同的商业模式，业务系统不同，其可能涉及的交流流程也不同。通过对交易流程的合规审查，也能最大限度地对交易架构和交易规则进行合规。商业模式合规比较复杂，在此不再赘述，企业可以在律师的帮助下完成商业模式合规的工作。

约瑟夫·熊彼特说过："价格和产出的竞争并不重要，重要的是来自新商业、新技术、新供应源和新的公司商业模式的竞争。"彼得·德鲁克也说过："当今企业之间的竞争，不是产品之间的竞争，而是商业模式之间的竞争。"通过商业模式建立壁垒是小程序时代的创业者必须要完成的一项重要工作。

5.2　业务系统创新

商业模式创新的核心就是业务系统创新。小程序创业主要是对业务系统的组织形式进行变革。在进行业务系统创新之前，首先应该梳理企业所在产业中的价值链。基于企业可控资源和战略定位，找到可以为各类利益相关者进行价值增值的环节。然后，再围绕利益相关者进行组织层面的创新，这就是业务系统创新的思路。

业务系统创新可能会是灵光一现产生的，但更多的还需要科学、合理的分析。企业可以通过相近行业或产业上下游的间接竞品分析，有一定创造性地进行业务系统设计。例如，在线商城的间接竞品往往是相关领域的传统商城，餐饮O2O、家政O2O的间接竞品是传统餐饮和家政服务企业。

互联网领域比较推崇颠覆式创新，也就是基于重构价值链进行业务系统创新，绝大多数"独角兽"级的企业都是颠覆式创新的代表。颠覆式创新需要通过价值要素的构建、组合等设计出新的业务系统。

这种颠覆式创新其实比较适合小程序创业，因为试错的成本低，如果对互联网和所处行业有比较深刻的认识，完全可以做几次颠覆式创新的尝试。基于大数据技术的很多商业模式都是重构了业务系统，互联网金融行业中的 P2P 和股权众筹也是在一定程度了重构了业务系统。但对于用户而言，这种颠覆式的创新，并非从零到一满足了用户需求，而是用更好的方式实现，而这个过程颠覆了原有的价值链。

任何行业都有长期以来的较为稳定的价值链，绝大多数的企业都是基于这种价值链进行商业模式设计的。但不代表这种稳定的价值链可以满足链条上所有利益相关者的需求，只要没有满足需求，就一定会在某日出现颠覆式的创新。

比特币通过区块链技术绕开了银行，解决了资金去向不可追踪的问题；在线课堂通过虚拟课堂和在线课程分销系统，绕开了传统教学场所和招生系统，优化了用户体验；社交软件将通信成本降到极低，彻底绕开了通信商，节省了用户成本；优步通过共享经济平台，直接绕过了出租车和汽车租赁公司，整合了租车产业链上的闲置资源。这些可以说是重构原有价值链的某个环节，进而又重构了业务系统。

颠覆式创新很难找到个案进行参考，但可以根据以往的创新经验找到企业商业模式创新的主要方向。通常情况下，颠覆式创新出现的地方就是价值链上不太合理的部分。简单地说有四个方面。

首先是用户体验

价值链上的核心就是用户价值，如果用户需求没有得到满足，一定存在很大的创新空间。很多行业出现颠覆式创新就是价值链上的用户没有得到满足。

其次是系统效率

价值链条上如果出现了利益相关者协作效率过低，也存在创新的空间。在线餐饮、酒店预订、票务预订都是解决原系统效率优化问题。

第三是运营成本

如果价值链上的某利益相关方的运营成本过高，或整个系统的交易成本过高，也会倒逼出商业模式的创新。

最后是资源整合

价值链条上的各种资源如果不能有效利用，其实也是一种隐性成本，会带来某利益关联方的资源浪费和系统整体成本增加，也会产生颠覆式创新。

一言以蔽之，颠覆式创新的目的就在于提升用户体验、优化系统效率、降低运营成本、丰富资源整合。而创新之所在就是问题之所在。所以，如果想重构业务体统，首先就是要对价值链进行梳理，进而重构价值链，最后重构业务系统。

价值链这个概念最早是 1985 年迈克尔·波特（Michael Porter）在《竞争优势》一书中提出的。该理论认为：企业的任务就是不断创造价值，创造价值的过程就是由一系列互不相同，但又相互联系的增值活动所组成的。企业的运作是为了价值最大化，为此需要进行包括设计、生产、营销，以及对产品起辅助作用在内的各种活动的综合，利用价值链表示。价值链的设计又分为价值链分析和价值链建模两个环节。

价值链分析是一种流程的分析，高度概括并抽象出企业的经营活动，然后再挖掘出这些活动的目标本质——价值增值。价值链分析可以从宏观和微观两个维度入手，宏观价值分析是通过对企业所在产业链和企业内部整个价值链的分析，寻找出企业的优势和增值环节，通过对企业资源的战略性整合和集中配置实现价值增值，营造竞争优势；微观价值分析主要做成本价值分析，是发现价值链上哪些环节存在资源浪费和成本消耗，旨在优化投入 / 产出比，实现价值增值。 价值链分析的过程，就是发现问题的过程。

发现了问题，下一步就是如何解决问题。价值链建模就是通过对价值链二次设计、解决已经发现的问题的过程。价值链建模一般需要解决如下问题：

① 如何基于战略定位锁定企业预期价值。

② 如何精准锁定客户，找到潜在用户和激活现有用户。

③ 如何最大化利润，用最低的成本最大化客户价值的实现。

④ 如何让价值链上的利益相关者能实现共赢，构建一个完美的价值网络。

⑤ 如何差异化产品，提升用户对自己产品的体验。

⑥ 如何利用可控资源，最大化地提升竞争力。

⑦ 如何实现可持续盈利，优化现有的盈利机制。

当价值链的梳理趋于明晰时，就可以进入下一个环节了——进行业务系统的设计。业务系统包括内部和外部两个维度，内部就是通过企业的管理体系进行呈现；外部主要通过利益关联方之间的交易架构呈现。

在本书的第 2 章，曾经介绍过充分利用微信矩阵和小程序的结合做业务系统的创新，微信生态内的这些产品只是一个业务系统呈现的工具，而业务系统的最终设计和完善，考验的还是创业者对自己所处产业的上下游不同环节的认知水平，当然还有顶层设计的能力。讲到这里，其实就可以知道小程序时代真正参与进来的创业者很多都不是互联网行业的人，因为微信想完成的使命并不是做一批和 PC、APP 时代一样功能的产品，而是通过小程序打通传统行业和互联网行业。

5.3　社区商务

社区商务这个概念在管理咨询领域和商业领域曾经引发过很长一段时间的探讨。很多创业者可能没有听过这个概念，在这里先普及一下。

社区商务和社群经济的本质区别在哪里？社区商务这个概念，最早是由包政在《营销的本质》一书中提出来的，大概是讲，社区商务将是继大量销售、深度分销模式之后的企业的唯一存在。社区商务方式和社群经济最大的不同其实就在于产业链上下游关系的维系。社群经济的本质还是粉丝经济，是用户运营的一个手段。即便是独立成一个商业模式，也多是以卖书、卖课、卖服务为主。

社区商务不是基于互联网端获取用户那么简单，而是通过互联网社区的形式打通产业的上下游，其中包括用户这个环节，但也包括了企业的所有经营环节。所以社区商务不仅仅是一个营销的概念，也不是一个组织的概念，更像是一个业务系统落地的方式。社区商务不会适用于所有的企业，更适合原本就有上下游产业链的企业，最适合基于小程序和微信生态做互联网转型的传统企业。

总体来说，社群更多的是一种用户运营的手段，而社区商务更像是基于业务系统的组织管理的方式。关于社区商务概念的适用，包政先生也没有提出太多具体的案例。通过和包政先生及其包子堂团队的探讨，我觉着对于依赖产业链生存的很多传统企业而言，这是一个业务系统层面的创新。

借用包政这个概念，结合小程序时代的特点，我认为社区商务会成为业务系统变革的最核心模式，也会成为一种可以适配绝大多数互联网 + 项目的商业模式。小程序时代，社区商务模式将会得到实践和长足的发展。小程序时代带给传统企业最大的红利，就是基于微信生态可以完整地搭建社区商务的所有架构。传统企业都将有机会通过小程序建构起社区商务的架构，进而实现系统变革。

小程序时代会出现大量的传统企业的互联网转型项目，传统企业业务系统一般很难进行调整。社区商务方式是比较适合这类企业的业务系统转型。在我看来，社区商务方式也适合绝大多数提供线下服务和实体产品的企业，可以有效地帮助其优化核心业务系统的组织方式。传统行业背景的人原本就有行业资源沉淀和既有团队，实现社区商务其实最需要的是建立互联网团队并和传统团队进行匹配。社区商务其实在微信的生态圈中可以很容易找到合适的技术工具和用户平台，通过企业号、服务号、订阅号、小程序、社群、个人号可以打造一个完整的闭环。如何基于微信生态圈打造社区商务，如何通过小程序的纽带打通社区商务的全流程，其实是企业值得思考的一件事。

搭建社区商务，首先需要的是业务系统的变革，然后是技术和平台的变革，最后是组织能力的变革。业务系统变革是顶层设计的部分，前面大致讲过；技术和平台主要是基于微信生态，只要具备一定的开发实力就可以实现；社区商务的落地，最需要的还是组织能力的提升。

基于小程序和微信生态做社区商务，最重要的就是要搭建一个战略级的互联网＋部门，可以称其为互联网运营中心或者社区商务中心。中心下面设立不同的职能小组。下面简单介绍一下这些小组应当如何搭配。

① 微信媒体组：主要负责新媒体、互联网媒体的建设和运营。同时和原本的品牌部门配合完成基于官方媒体的品牌相关工作。

② 微信平台组：主要负责小程序平台的开发、设计和维护。

③ 精准客户组：主要负责自建用户社群的维护、个人号客户朋友圈的维护工作等。

④ 基础流量组：主要负责各类流量的获取，也包括其他社群流量、个人小号流量。

不同的职能小组需要的人员不同。

① 微信媒体组：主要需要内容运营专员、文案策划、活动策划专员。负责微信公众号为主的运营，3~4人最佳。

② 微信平台组：主要是搭建小程序的平台和运营。需要产品策划专员、产品运营专员、UI设计师、小程序工程师，平台组大概需要4~6人。

③ 精准客户组：这个非常重要，至少要有两个专员负责，负责个人号和自建社群的维系工作。

④ 基础流量组：基础流量组主要负责获取免费流量。包括但不限于个人号的增粉、社群营销推广、PC 端推广、H5 策划等。

以上是一个标配团队，如果开发外包则可以缩小团队规模，4个人也是可以启动的。一个人负责社群运营、一个人负责平台运营、一个人负责公众号运营、一个人专门负责个人号。当然无论团队员工数量多少，互联网运营中心或社区商务中心应该设立一个有经验的运营总监或产品总监，统一管理所有的事宜。

第6章

产品

小程序时代对创业者和其团队的能力有新的要求，新媒体、社群、网站创业的经验不再适用于小程序创业。营销的时代企业关心的是品牌和传播，运营的时代是如何链接用户和获取流量，产品的时代会更纯粹地关心场景和体验。

6.1 官方文档

小程序官方文档一共有 3 份，分别是开发文档、设计文档和运营文档。对于小程序的产品工作人员是必读内容。官方文档分别从技术规范、设计规范、运营规范三个角度帮助创业者快速了解微信小程序的规则。下面做一个简要的解读。具体内容，创业者应从官方网站上下载这 3 个文档，认真研读原文。

6.1.1 开发文档

开发文档主要是为了方便创业者上手微信内部的开发语言，主要分为以下几个部分。

1. 开发语言

小程序的开发语言和 HTML、CSS、JavaScript 没有本质的区别。对于熟悉这三类开发语言的人，不会花费太多的时间。

唯一不同的是，小程序在常规前端开发语言的基础上重新定义了一套标准。小程序的文件类型主要有三类：

① 主体语言：JS（JavaScript），这个和前端开发用的 JS 是一样的，只不过删除了 DOM 功能，并增加了微信的一些接口。

② 标记语言：WXML（WeiXin Mark Language），标记语言和 HTML 的差别还是比较大的，比 HTML 要复杂一些。前者比后者更适合做界面开发语言，后者主要是做文字展示和 Web 页面的搭建。WXML 和安卓开发中的 XML 比较接近。

③ 样式表：WXSS（WeiXin Style Sheet），和 CSS 几乎没有区别。

这里最大的区别就是 HTML 和 WXML 两类文件，需要工程师在编程思想上有些调整。但就身边的工程师朋友的反馈看，适应起来难度不大。关于开发语言，本书就不多说了。主要从产品的角度分析一下，开发文档中有哪些内容对产品设计会有影响。

2．网络访问问题

小程序支持三种请求方式。一种是直接的 HTTP 链接请求，请求后直接返回结果，链接结束；另一种是 Socket 持续性链接，当一方主动关闭链接时，链接结束。除了以上两种收发纯文本的链接方式，微信还提供了一个文件收发接口。小程序中录制的语音以及选择的照片都需要用这个方式来进行上传。通过小程序访问网络需要服务器端必须支持 HTTPS 安全链接，且端口号必须为 443。同时，小程序只能访问开发者在登记小程序时所设定的服务器地址。

3. 多媒体与存储问题

若需在小程序中播放多媒体（包括音视频）或进行数据存储，不能使用 HTML 5 中所提供的标准，必须使用微信提供的小程序多媒体播放控制接口及存储接口等。有关于声音的接口有音频播放与音乐播放两种接口。音频播放提供了播放、暂停和停止播放三种接口，不提供跳转至某个播放时间点的功能，也不能获取目前的播放进度。音乐播放接口提供除以上的基础播放控制外的音乐状态检查和监听等功能。

小程序提供照片和视频数据交换接口。通过这个接口，小程序可以访问用户选定或拍摄的照片与视频。通过音频录制和视频照片接口获得的多媒体信息是临时的，需要通过小程序存储文件接口对文件进行永久保存。对于文本数据，小程序也提供了存储这类数据的接口。从诸如 Android 或其他 APP 平台转向的开发者需要注意的是，小程序不提供数据库式的本地数据保存形式，而是通过 "字段 – 值"的一对一形式进行保存。

4. 和硬件相关的问题

小程序依托于微信，提供许多与硬件有关的 API。系统相关信息（包括网络状态、设备型号、窗口尺寸等）、重力感应数据、罗盘数据，小程序可以通过 API 获取。

有了重力感应数据、罗盘数据这样的 API，在产品设计时可以增加很多和用户及时互动的游戏，例如，摇一摇抽奖这一类的小游戏。但这些数据不能通过数值变化的回调实时获取，只能主动获取。这意味着只要用户不主动参与某个活动，就不能捕捉到用户的这些数据。

5.模板消息的问题

这个和服务号是一样的，同样需要开发者在小程序后台登记新的模板消息并审核通过，才能发送给用户，例如："您的商品已经发货""您的问题已经由专家回复。"

审核通过后，开发者需要先从微信服务器获取 AccessToken，随后将该值、模板编号和模板中的动态变量提交给微信，由微信向用户推送通知。

6.用户信息获取问题

小程序可以在用户同意的前提下获取用户的信息。首先要通过微信登录的接口，让用户授权登录。之后，小程序就可以展示并使用用户信息。使用微信登录的时候需要注意，消息需要经过签名确认其完整性之后，方能保证数据未经篡改。

7.小程序内的支付问题

小程序可以使用微信支付。在发送支付请求时，需要在发送的消息中添加签名，以确认消息完整性。

6.1.2　设计指南

微信官方的设计指南，基本秉承的原则是要和微信体验保持一致。所以设计指南在某种程度上也反映了微信的产品设计理念，尤其是交互设计的理念。在 UI 设计方面，微信官方提供了一整套的 UI 设计组件和丰富的设计模板。为的就是不让用户有太多的突兀感。

微信官方给出的设计原则是友好礼貌、清晰明确、便捷优雅、统一稳定。

1. 友好礼貌

微信官方希望小程序专注解决用户当前的问题，做一个"管家"，而非是在用户处理问题时候，一直制造干扰的"推销员"。首先，每个页面都应该聚焦于某个重点功能，不能与该功能无关。例如，搜索页面的功能应该是搜索，与搜索无关的功能或内容（如 Banner 广告以及诱导搜索关键词推广等）应该尽可能去除。

其次，页面的导航应该按照用户的预期进行。例如，用户跳转进入一个页面时，小程序不应该弹出与之无关的广告，因为广告不符合用户进入页面的预期。

2. 清晰明确

用户在操作小程序时，小程序应该为用户明示当前状态，同时应尽量减少用户在操作上的限制和等待时间。微信官方已经为小程序提供了全局导航栏，包括导航区（返回按钮）、标题区和操作区三组。如果开发者有需要，可以在小程序的首页中使用页面内导航，包括顶部 Tab 样式和底部标签样式。每种样式至少需要两个标签，最多不能超过五个标签，而微信官方给出的建议是最多不要超过四个。

开发者可以定义导航栏和页面内导航的风格颜色。在定义颜色时，开发者需要注意元素辨识度，不能出现刺眼或按钮与文字可视性差的情况。小程序中的加载反馈细节也是影响整体体验的重要部分。微信提供了一个下拉刷新组件，开发者只需要按照要求套用即可。同时，页面内的加载提示推荐使用局部加载反馈而非全局加载反馈。加载时间较长时，建议提供进度条以减缓用户等待的焦灼感。

微信小程序提供三个结果提示方式，提示效果从弱至强分别为小弹窗提示（toast）、模态框提示（modal）和单独的成功结果页面。开发者需要根据实际情况，对不同程度的提示进行合理利用。

在小程序中，异常情况需要明确告知用户出现了问题，同时明确告知用户问题出在哪里、应该如何解决。

如果表单中出现错误，小程序应该在顶部弹出提示，并在错误项目的右侧提供错误图标，以便用户定位问题。

3.便捷优雅

微信官方希望小程序可以敏捷地解决问题。例如，当用户在进行输入时，可以通过联想、API 接口以及其他方式（例如扫描银行卡等），帮助用户快速、准确地填充输入内容。

在设计时，应该确保用户的误操作概率更低。微信官方在文档中提到，可点击元素应该保证足够大，以便用户能够有明确的点击反馈。

4.统一稳定

在设计文档中，有关于统一稳定的说法更倾向于"统一"，即小程序在整体上应该为用户提供整齐划一的功能，避免同一种视觉元素在不同页面中有不同的样式。这样的原则，有助于保证用户的认知稳定性。设计师在设计的时候，应尽可能避免一个小程序中多种元素风格差异较大的情况出现。这样既不能保证小程序的视觉统一性，同时也对用户的认知稳定性造成严重破坏。

其实对于以前做移动应用的设计师而言，小程序的交互设计和UI 设计和以往并没有明显的区别。只需要基于微信官方的设计规范尽量做到和微信的产品设计理念保持一致即可。而且 UI 设计师不需要考虑安卓和苹果的设计差异问题，这也节省了很多时间。微信原生提供的设计控件也基本可以满足大半的设计需求，其余的控件只要保证风格统一，对于成熟的设计师而言难度也不是非常大。

6.1.3 运营文档

运营文档对产品设计也是有指导意义的。运营文档中给出了不予审核通过的小程序的类型。所以在做产品设计之前，最好规避这些情况。

以下是微信官方禁止的小程序类别：

① 非法、违反公共习俗等。

② 功能过于简单。

③ 以传播谣言为目的、测试抽签（星座、血缘等）。

④ 以分级推销为目的。

⑤ 微信已有的功能（例如漂流瓶等）。

⑥ 恐怖性质较强（会给用户带来恐惧感）。

⑦ 要求用户越狱 /root 后才能使用。

出现以上情况，无论是否在服务范围的列表内，都无法通过审核。运营规范里对于小程序产品的核心功能也有要求。

1. 核心功能前置

即用户打开小程序后，进入核心功能不得超过两次点击。

2. 单页面功能唯一

每个页面都有唯一的功能，在页面设计的过程中，页面的跳转必须符合用户的预期，例如，小程序页面中不能含有太多与主要功能无关的功能。

3. 不能内置广告

微信严格限制小程序内置广告。为了防止对用户的骚扰，同时也断绝了创业者靠流量变现的想法。

4. 搜集用户数据要告知

运营小程序会存在获取用户各类数据的需求，微信在这个方面控制得非常严格。首先，在小程序与服务器交换数据时，所有数据都必须通过加密的 HTTPS 443 进行链接；其次，收集数据时需要明确告知用户数据收集的内容和目的，由用户决定是否提交数据。

5. 页面分享前告知

如果用户打算把小程序内的某个页面分享到外部，需要明确告知用户，分享行为正在发生，分享的内容是什么等。

6.获取持续性位置数据需告知

如果小程序带有持续性位置数据获取功能，必须在产品中有明显提示。例如，增加"正在获取位置信息"的文案，或是在小程序中展示带有相同意义的图标。如果有能力，开发者可以与用户签订ToS（Term of Services，服务协议）以及隐私声明，来提示用户数据使用的目的等。

7.禁止任何诱导性的功能

这个和公众号时期一样。产品功能里，不能存在诱导关注的功能。例如，关注某公众号，即可获得红包或者赠送小礼品等。或者分享页面即可获得多少积分等。至于公众号滥用的诱导关注和分享，最好都不要在小程序中出现。

8.小程序内用户运维机制

问题反馈机制和举报机制应该是必备的功能，在产品设计时就应该加入进来。

6.2　产品设计

产品设计的目的就是基于产品的核心价值和战略定位，用最好的方式呈现给用户，同时符合官方设计规范。

小程序创业者应当严格基于小程序的运营规范和设计指南做产品设计，是否符合微信的理念和官方规范是小程序产品设计的底线。同时也必须基于开发文档做产品策划，不然设计出来的产品根据就无法在技术上实现。总之，不要尝试去挑战微信，务必要基于微信的规范和技术环境，把更多的资源和时间分配在提供优质服务和提升用户体验上，为用户创造更多的价值。小程序产品设计可以解决三个层面的问题：

第一　战略层

这里讲的战略是产品视角的战略。无论是模仿竞争对手，还是做差异化，首先要看的就是有没有战略价值。应该做什么，不应该做什么，这个特别重要。

任何一款产品最终的目的都是为了实现战略目的。首先要有特别清晰的商业目的，只有商业目的清晰明了，才可能让产品的目标清晰起来；其次要考虑未来运营的需要，提前考虑运营可能需要的资源、可能采用的运营策略，产品是否可以与其匹配。

从产品的角度看战略，就是要围绕明确的定位，找到最核心的产品价值，并让这种价值可以以最短的路径、最好的体验到达用户。做产品战略层时，最忌讳的就是喧宾夺主、不分主次。找到清晰的产品逻辑，为产品研发提供参考是整个产品流程中的点睛环节。这需要产品经理拥有广泛的知识结构，包括但不限于对市场、运营、产品形态、技术发展等方面的认知，然后通过这些认知把它们相互关联和组合，再加上一些创意，创造出新的产品。

第二 功能层

无论是无形的服务还是有形的产品，都有核心的功能、都有基于战略层梳理出来的核心价值。梳理可以支撑这个核心价值实现的核心功能，梳理功能层需要把握三个原则，并以此递进。

第一是有用的。没有用的功能就是不了解用户的需求而导致的，是战略分析的环节没有做好。例如，一个法律咨询的小程序，没有做语音咨询、文字咨询等用户最需要的功能，而是做了一个语音直播这种教育类产品的核心功能，就是没有用的。再例如，一款手机，却没有打电话和上网的功能，也是没有用的。有用是基础的要求。

第二是能用的。设置了一个有用的功能，说明产品人员考虑得比较到位了，但是出现了一大堆的问题和技术 Bug，这样也是不行的。功能有用，但是也要可以用。市场上很多互联网产品就是这样的，只从界面上看，有很多有用的功能，但是用起来就有一堆的问题。这里有研发实力跟不上的原因，也有产品人员没有根据实际情况提出需求导致的原因。设置核心功能之前就应该充分评估功能的可用性。

第三是好用。一个功能可以做到有用、能用就已经及格了，好用就是一个比较高的要求了，要用户体验比较好，产品人员要在这个地方下很多工夫，这样才能从众多功能同质的产品中脱颖而出。例如一个企业信息查询类的小程序，做到有用、能用其实难度不大，但是要好用就需要在产品流畅度、交互逻辑等很多地方下工夫了。

好用需要在呈现层上下很大的工夫，此处不赘述了。在产品策划过程中，首先是保证完成产品的核心功能，确保产品"有用"和"能用"，然后快速迭代来完善并改进，使产品变得"好用"。

此外，提供商品和服务类的小程序还需要提炼商品、服务的核心卖点。这也是产品策划比较重要的环节。商品、服务的核心卖点和互联网产品的核心功能是一个道理。总之，让用户除了能够感知到商品、服务有用、能用之外，着重挖掘其好用的卖点，并展示给用户。

第三 呈现层

呈现层其实就是如何把小程序核心功能和商品、服务的核心卖点更好地呈现给用户。

小程序核心功能的呈现主要是通过交互设计和 UI 设计，让用户可以最直观地感受到。商品、服务的核心卖点的呈现，也主要是通过文案、图片、语音、视频等信息展示的方式完成的。

产品设计这个环节最重要的就是要把产品最核心的价值通过最好的方式展示给用户。用户接受成本越低，产品设计就越成功。

6.3 产品迭代

小程序最大的优点之一就是很容易做产品迭代,这对于创业者来讲是一个利好消息。

好的产品都是改出来的,话虽如此,在 APP 创业时代,迭代一款产品的精力和成本不亚于重新做一款产品。虽然在小程序时代之前,很多创业者打着精益创业的旗号做事情,但实际上根本没有能力做到精益创业要求的"敏捷开发、快速迭代"的要求。除了产品管理能力受限以外,更重要的原因是研发实力跟不上。如果试错周期过长,精益创业的打法反而会不利于产品的成长。小程序就不同了,从第一版产品到第二版产品的迭代,技术实力一般的创业者也可以做到周期不超过一个月。

产品迭代是进化不是改变物种,所以,如果是因为战略调整而导致的产品重新策划、重新研发，视同从零到一而不是产品迭代。创业者的第一版产品还是应该可以确定核心功能的，至少做到有用、能用，基本满足用户的主要需求。以这个为基础，才能有后续的产品进化的说法。不能因为小程序迭代成本低，就改来改去，犯了产品的大忌。

迭代就是进化。如果说人是"上帝"手中的产品，"上帝"是一个产品经理，那么随着人类文明的发展，人类的机体不断适应环境就是在迭代。从商业的逻辑看，产品的环境就是用户的需求。围绕用户的需求做各种调整，然后再呈现出来就是迭代。如果没有及时迭代，再好的创意雏形也会以失败而告终。很多曾经很出色的产品就是因为迭代速度跟不上，最后被市场淘汰了，这里就不赘述了。

从进化论的角度看，每一个物种都有朝着更优良机能的角度进化的本能，但并不是所有的物种都活了下来。简单地说，就是没有及时随着环境而迭代。进化论的思想非常适合商业领域，实现一个商业目标不是一蹴而就的，往往是不断改、不断改，这样改出来的。

6.3.1 迭代的原因

为什么迭代和人类为什么进化的理由是一样的。迭代的核心是更好地活下来。具体地说就是用快速的反应速度适应市场的变化。迭代不是一个工作，迭代是一种思想和战略。

很多产品迭代到几版之后，和最早的模型已经完全不同了。如果这是反映了市场的真实需求，只能说明当初是错的。或者说当下的和未来的是更有生存能力的。简单地说，迭代的原因有三种：

1. 市场环境变化

应对市场环境变化的最好的办法就是：不断适应。

2. 产品内在成长

产品内在需要成长，好的产品都是有生命力的，会不断地扩张生长。例如360，最早是做去除插件的，但是不满足于单一的产品维度，就产生了杀毒的功能。

3. 战略定位调整

Facebook的成长和人人网的泯灭，根本的原因就是Facebook始终在成长，不断地内部创业。而人人网从模仿开始，本身就是没有生命力的，而且产品迭代没有及时跟上。

6.3.2 迭代的流程

第一步需求分析

这个环节主要的侧重点是搜集用户的反馈信息，并从中提炼出真实的用户需求。如果说1.0的产品是基于少量数据和少量用户的需求做的假设，迭代就要基于大量数据和大部分用户的需求做验证了。通常情况下迭代时会搜集大量的需求。一定要做优先级。这里一定要留意：

① 沉默用户：很多用户根本不发表意见。

② 数据清洗：很多数据是没有参考价值的。

1.0 一旦上线，就要建立自己的需求池。简单地说，就是用户反馈的需求就要不断地记录下来，并做分析。

第二步迭代方案

基于真实的用户需求，做出一个优先级，然后就可以做产品迭代的方案了。具体的呈现方式可以是一款产品迭代需求文档、产品迭代策划案或产品迭代规划方案。做完方案可以做整体的评估、需求评审，也可以召开一个新产品研发需求的评估会。产品迭代的周期，不同行业、不同产品都是不同的。

第三步产品开发

这一步和开发第一版的流程是一样的，不同的是工作量小了一些。

第四步测试反馈

产品迭代的风险有两个：一是调性和功能调整带来的用户不适应；二是产品层面的bug。所以一定要在小范围测试后，根据反馈意见再做修改。而且产品迭代一定要有一个预期，最差会怎么样，最好会怎么样。否则出现不可控的因素后会影响发展。

第7章

运营

7.1　运营理念

小程序时代，运营理念是有些变化的。小程序运营和公众号运营、APP 运营区别比较大，和网站运营最为接近，但也有区别。

首先，在思维层面有变化。从流量思维到场景思维的转变是小程序运营不同于以往的。小程序时代，一定要非常重视场景。流量思维下，更多的是重视转发、分享、裂变。但是在场景思维下，更多是从用户的角度找场景、策划场景、在场景中完成链接用户的过程。APP 运营的拉新、活跃、留存、转化的套路；新媒体的发现、关注、分享的套路，在小程序中不一定行得通。小程序和网站运营比较接近的就是：同样需要很重视 SEO 的工作，但是 SEM 等市场运营的套路又不适用小程序。

流量思维想的都是先拉来用户，再想办法找变现的方法。场景思维是完全相反的，首先想到的是用户在什么场景下可能需要自己，然后直接提供给他们服务和产品，直接就可以变现，而且只要把服务体验做到极致，用户后续自然会再来。场景思维要想方设法占领用户可能使用自己小程序的场景，用户在什么时候、什么情况下、因为什么原因或目的，他需要某个服务时，你的小程序出现了或者让他想起来了。

这种思维的转变是一种质变，但也是微信倒逼的结果。微信小程序不能群发消息、不能分享朋友圈、不能小程序之间互相推荐和关联、不能做任何诱导分享的运营方案。这意味着创业者只能跳出流量思维，从一开始就想着怎么服务好用户，让用户喜欢自己。

其次是运营要素的改变。无论是网站运营还是 APP 运营，都是围绕漏斗模型构建运营要素的。而小程序时代的运营要素变成了三个环节——场景构建、产品链接、用户转化，这省去了很多环节，但也增加了很多难度，这意味着创业者可以试错的环节少了。选错场景、链接技术出问题、产品体验不好等任何一个环节都会彻底流失用户，没有任何挽留的余地。

7.1.1　场景构建

创业者需要知道你的用户在哪里？用户在什么样的场景下会和你的产品发生关系。例如，一个做小电影的视频网站，他和用户发生关系的时候，用户可能是一个阴暗小网吧里的小青年，一边吃着薯片一边搜索小电影，那个时刻就是小电影网站这款产品的场景。而对于金融产品而言，场景的构建就会比较复杂了，可能是看一个理财的小视频、读一篇理财的文章、听一场理财的微课、去某个第三方平台看别的 P2P 平台的评价，或者去论坛看某个互联网金融的问题回复，也可能是玩一个和金融相关的游戏，甚至有可能是去不完全相关的地方，却能触发其进行金融消费的想法，那么这种场景也是一个适合的场景。

不同的产品和服务，场景自然也不同，而且不同的入口场景也不同。除了线上各类场景，线下一样有很多场景。场景定下来，用户的入口就会确定。

7.1.2　产品链接

知道用户在什么场景下可能会使用你的产品，剩下的就是在这个场景内做产品链接的方案。很多营销策划、运营的方案都是为了促成产品链接的。场景只是一个入口，但是用户会不会在这个场景内发现你的产品并使用你的产品，考验的就是运营、营销策划的功力了。这里需要注意几点：

① 根据产品定方案：如果是低频刚需的产品，用户普及成本比较高，内容运营和各类市场运营手段比较适合。

② 根据成本定方案：有些很匹配的场景，但是如果投入成本过高，也需要考虑一个投入产出比的问题。

在运营思维和运营要素都改变的情况下，常规的运营策略肯定需要调整。以前运营做方案的主线是流量，剩下的都是围绕转化流量做文章。小程序创业主线是场景，如何找到最准确场景，用最短的路径和用户产生链接，如何在当下的场景下给用户最佳的体验和服务，是小程序创业者必须考虑的。

小程序时代的运营，和营销、产品、品牌、战略之间的界限会越来越模糊。运营可能比以往任何一个时期的范围都要广泛。

7.1.3　运营和营销

以前的互联网企业多是无形的服务——视频网站、在线商城、门户网站、搜索引擎，所以需要把控的是用户而不是直接卖产品和服务，那么，流量自然就很重要了。那个时候运营的工作主要是围绕流量来的。但小程序创业，服务和产品的重要性会比无形服务大得多，很多传统行业都会去做小程序。

运营和营销都是为了产品服务，只不过出发点不同而已。运营是以用户为中心的，营销是以产品销售为中心的，但以用户为中心，最终目的也是把产品卖出去，最终也是为了实现业务价值，只不过运营的理念通常是持续、长久地和用户保持联系，很像营销所讲的客户关系维系，但又远比这个系统得多。

小程序运营的工作可能会覆盖到市场营销的工作，但又产生了很多更细致的业务流程。可以说，运营相比于营销是一个更高级、更上位的概念，一切人工干预用户的行为都能算作是运营。

关于营销，市场上通行的说法是科特勒的理论，其他的商学思想家关于营销理论的认识也多是基于科特勒的理论演变而来的。通常传统营销理论认为，营销是一种手段和方法论，是为了更好地促进企业利润最大化而生的系列商业行为。

原本营销这个概念在互联网公司已经沦为"推广"了，但是在小程序时代，重要性又开始凸显出来。虽然在互联网时代，用户才是商业的根本，但是小程序的定位是为用户提供优质服务，没有商业化的服务，最终是很难持续下去的。所以运营的工作，应该借鉴营销的思维。

7.1.4　运营和品牌

按照广义运营的概念，品牌管理也应当是运营的一部分。所以在我看来，从组织架构的设计上，品牌运营应该归属于大运营中心，我们后面会讲到。但从企业发展的角度看，品牌通常是一个比较高层次的商业需求，而且品牌管理有相对独到的方法论。很多运营做得好的产品，未必在品牌建设上做得很好。所以在创业初期，品牌运营可以纳入运营的大体系内。但是一旦进入爆发的前夕，仍需要有一个独立的部门来负责这个事情。

运营和品牌的关系可以分为三个阶段：初期，运营和品牌是基本交叉的，目的都是拉新、维系用户、助力产品；中期，品牌独立出来，从不同渠道做品牌曝光；后期，强化品牌，弱化运营，增加品牌的溢价能力。从围绕产品功能的运维，上升到品牌文化、品牌价值输出的领域。

没有品牌内涵的产品一样可以卖得爆火，但只是满足了用户对于产品的需求，品牌是一个更高维度的需求，是一个锦上添花而不是雪中送炭的东西。品牌是可以溢价的，但产品很难。

7.1.5　运营和产品

运营和产品都是围绕用户需求来的。小程序创业适合运营导向的产品，一方面是指在设计产品之时就应该考虑到后期的运营难度和自身的运营资源是否能够跟上；另一面是指运营过程中如何倒逼产品的迭代。

从理想的状态看，一个好的产品可以节省大量的运营成本。但以我过往的经验看，很多创业者的产品都算不上一款好产品，至少不是一款出色的产品。那么，很重要的一个工作就是通过运营过程中用户的反馈，为产品的迭代提供足够的支持。很多公司会把运营岗位直接叫作"产品运营"，这表示运营最核心的价值就是围绕产品和用户的链接做文章。

7.1.6　运营和战略

很多人会忽略运营和战略之间的关系。产品的两个考量标准，一是用户体验；二是商业价值。运营也是一样的。

拉新、留存、活跃用户都是一个比较浅层次的东西，最终目的还是商业变现。所以，做任何运营的行为都应该紧紧围绕公司的战略规划来进行。绝大多数企业的最终战略规划目的都是商业变现，只是不同阶段的目的不同。运营就要围绕战略规划来进行相应的运营管理。

首先，平衡运营成本和商业目标的关系。

注重用户体验并不是被用户牵着走。如果增加用户体验却极大地增加成本，或者体验增加本身并不能提高商业效益，这些都是商业不成熟的表现。所谓的先满足用户价值再实现商业价值的做法不适合所有的创业公司。

战略定位和商业模式清晰之后，基本上就很清楚企业应该实现的价值了，也知道企业能够给用户提供什么价值了。这个时期最重要的是把握一个度，而且要考虑转化，不是所有的运营成本的增加都能带来商业上的回报。

然后是平衡用户体验和业务价值的关系。

用户体验的最终目的是为了最大化业务价值，不要顾此失彼。例如，我的一个朋友做过一个情趣用品的 APP，层次很高，用户也很活跃，可以说是体验很好。但这个情趣用品的最终盈利点还是卖情趣商品，但转化却很一般。这就说明，运营的思路出了问题。用户在论坛里面再活跃，不代表这些是有效的、有价值的用户。业务价值其实在商业模式设计时就有一个基本的方向，如果这里出现问题，应该及时调整。

运营分很多种：市场运营、用户运营、内容运营、活动运营、社群运营、商务运营等。运营的手段有很多，但最终目的只有一个，就是把用户转化为付费用户。

7.2　运营规则解读

小程序运营需要按照微信官方的运营规范进行。产品一章中提到了运营规范对产品工作的影响，对于运营工作而言，影响最大的有以下几个方面。

7.2.1　小程序入口

首先需要知道小程序的入口，这样才能复盘一个用户打开小程序的路径。根据目前官方的规定，小程序的入口只有两类：

1. 内部入口

主要是微信搜索框。这是用户主动寻找并打开小程序的最主要入口。微信希望小程序不是基于一种流量分发的方式获取用户的，更希望小程序是通过一种用户触达的方式，当用户需要的时候触达到它，然后使用它，而不是不需要的时候推荐给他使用。

微信会极力限制搜索的能力，避免滥用，使用户在微信里面能够准确搜索到自己需要的小程序。

除搜索外，聊天窗口和社群也是一个内部入口。正在使用小程序的用户在跳转到聊天之后，小程序会在聊天对话框的上方。用户可以通过别人社群中的分享，打开一个小程序。

2. 外部入口

目前微信小程序的外部入口只有一个——二维码。

运营者可以通过将二维码放到其他任何有流量的渠道获取用户。这个和微信公众号没有本质的区别，只不过价值到达路径更短。可以通过二维码直接打开一款小程序，而不需要关注这个环节。

以下方式都可以通过植入二维码的方式传播一个小程序：

① H5 内植入二维码。

② 微信公众号尾部植入二维码。

③ 其他论坛网站和社交平台的文章内植入二维码。

④ 线下的任何场景都可以通过扫描二维码直接打开小程序。

这些都是微信小程序的外部入口，可以统称为扫描二维码进入的入口。无论是线上还是线下只要可以放二维码的地方都可以成为小程序的入口。这个和公众号的入口没有太本质的区别。唯一不同的是，公众号扫描后首先看到的是微信公众号的介绍，而小程序是直接进入了。

张小龙说："小程序在微信里是没有入口的，很多人看到微信开始内测小程序，大家说这是一个新的机会，我们应该第一波上去，去获得一些流量上的红利。但是非常遗憾，公众号在微信里面其实也没有入口。一个用户如果没有订阅过任何一个公众号，他在微信里面找不到这样一个入口，小程序也是一样的，如果一个人没有去运行过任何一个小程序，他在微信里也是找不到小程序的入口的。这跟之前提到的一些产品理念相关，在微信里我们一直在倡导去中心化的结构，所以你到现在都不可能看到在微信里会有一个订阅号的入口，里面有一个分类，有排序或者有推荐这样的东西存在，这一点从公众号的第一步就坚持是这样的，这个对公众号平台带来了很大的好处，因为当微信没有这样一个入口的时候，所有提供公众号服务的企业他们会想办法把自己的二维码铺到所有能够铺的地方去，那就真正实现了公众号的入口其实不是在微信里面，而是在二维码里。如果我们有一个基础的入口，那大家可能抢夺的都是微信里的入口。"

张小龙期待创业者更多地把运营的方案放到和二维码有关的地方。他希望更多的小程序的启动是来自于扫二维码的。为此，他举了一个例子："一个场景我觉得特别切合，现在汽车票其实没有电子化，所有人去坐汽车必须要去汽车站现场去买一张票，这是一个很痛苦的过程，你要去排队买票，然后再去坐车，如果用小程序来解决这个问题，只需要在每座汽车站立一个二维码，所有到汽车站的人扫一下二维码就启动购票的小程序，然后直接通过小程序来买好票，这样售票窗口就不用存在了，我认为这是一个非常贴合小程序的想法。""还有人做了一个小程序，特别方便，是在公交站里面等公交车的时候，想要知道下一班车什么时候来，这个时候只要扫一下公交站的二维码，启动公交站的小程序就可以看到下一班车什么时候来，这也是特别典型的一个小程序的场景。"

"所以至少在前期我们会更多地鼓励小程序以二维码的形式出现在每一个地方，就像公众号早期一样。"

7.2.2　外链跳转问题

微信官方是绝对不允许小程序内置外链，跳转到别的地方的。这其实是因为微信要尝试从根本上把流量思维做小程序的玩家拒之门外。因为不能跳转意味着不能卖硬广、不能给自己的 APP 导流、不能给其他小程序导流。早期玩营销公众号和各类鸡汤微博的运营套路已经不适合小程序创业了。

7.2.3　去中心化问题

微信内部没有类似小程序商店的地方，而且微信是限制在微信内部做小程序的流量分发平台的。这个和公众号没有公众号中心是一个道理，小程序不会存在一个中心入口，微信自己也不会做小程序的分类、排行和推荐。

微信希望小程序的传播更多的是基于用户之间的推荐。在张小龙看来，微信也不会做机器推荐，因为系统推荐主要是依托用户的大数据，只能强化用户接触过的信息，而不能推荐没有接触过的东西。但是社交推荐就不同了，社交推荐才是真正符合人性的，是信息互动而非单向的信息输出。

7.2.4　小程序与公众号

　　小程序和公众号的本质不同，小程序是一个新的形态，公众号更在乎粉丝的数量，而小程序和 PC 时代的网站一样，更需要的是访问量。小程序和用户之间的关系是访问的关系，而不是粉丝的关系。

　　但是同一个主体名下的公众号和小程序之间的用户是可以互通有无的。简单地说，就是同一家公司的公众号可以给小程序导流。这个还是没有封死小程序的流量入口，毕竟公众号获取粉丝的成本仍旧是比较低的，通过公众号给小程序导流的可能性还是很大的。

7.2.5　推送消息问题

　　小程序是不能直接推送消息给用户的。当用户在小程序里面做了一个操作，并且希望收到后续通知的时候，微信会提供这样一个通知的机制，使你可以通过小程序给你的用户发送一条他所需要的通知，但这个通知不是说谁来过小程序就能获得一条推送，而是说这个用户在小程序里面主动地确认了他需要获取一条后续的通知，所以它是一种很有限的通知能力。

　　PC 网站时代经常是用户留了一个邮箱地址，可能会收到很多垃圾邮件，微信对这种通知的能力进行严格限制就是为了杜绝这种问题的发生。

　　但是可以经用户同意，并通过微信审核开通消息模板功能。商户可以将模板消息发送给接受过服务的用户，用户接受一次服务，七天内可收到一条模板消息。但不要认为有了模板消息特性，就能随意向用户推送消息了，微信对模板消息的推送条件做出了大量的限制。

在模板消息的官方文档中，微信将模板消息的推送条件限制在了"支付"和"填写表单"两种情况内。

只有用户在小程序中，调用了支付功能，或是调用了表单提交功能的前提下，小程序才能向用户推送模板消息。也就是说，如果用户没有在小程序中下过单，或没有调用过表单，小程序依然不能向用户推送消息。微信希望确保用户能够即时接收到必要的信息，同时又不至于影响正常的使用。

7.2.6 小程序分享问题

首先，小程序不能分享朋友圈；其次，小程序可以分享到聊天对话框和社群里。

张小龙是很看好分享到社群和聊天对话框这个功能的，他希望可以基于此带来一种新的协作方式。为此，他举了一个例子："当我把一个投票的小程序发到群里的时候，意味着群里面的每个人可以立即启动这个小程序，并且利用其投票，每个人可以看到其他人的投票。对于一个群来说，这个小程序带有每个人的登录状态，大家访问的是同一个小程序的任务。基于这样群的任务，它可以被群里面的所有人共享，当任何一个人更新群里小程序状态的时候，群里其他人都是可以看到的，基于这个想法你可以想象得到，可能会存在非常多协作式的小程序。"

微信提出一个叫小程序页的概念。"例如，一个股票的小程序，我分享的只是我当前所看到的 0700 股票的这一页，然后分享到一个群里去了，群中的人看到的也是 0700 这样一个股票的页面，我们将其称为"小程序页"。这里我们希望的是，我分享到群里的是一个活的数据，是当前我看的信息。我的意图并不是说把一个程序分享到群里面让大家重新运行这个程序，我只是分享了一个活的信息过去，而且在未来我们更希望的是，当然现在还没有做到，我们更希望的是我分享到群里面这一页的信息它是活的，所谓活的意思就是当它出现在一个聊天里的时候，你甚至不用点进去就能看到这个小程序的表现。"

"例如，我分享一个时钟的小程序到群里面，那么群里面每个人看到这个小程序，不用点进去就可以看到已经有一个时钟在那里运转。暂时这个形态还没有实现出来，但是我个人非常期待。我相信这种协作式的任务，对于小程序的分享会起到很大的作用，我们可以在里面构思出非常多的需要群组一起完成任务的小程序。"

分享的功能，微信是做了一个平衡的。一方面可以分享小程序的任何一个页面给好友或群聊；另一方面限制分享到朋友圈。微信想通过这种限制，有效地控制商家的过度营销，防止重蹈微商泛滥的情况。短时间看，限制了很多基于社交媒体的营销，但是对整个生态是有利的。

7.2.7 附近的小程序

目前这个阶段，微信会很轻量地让用户能够看到在他附近还有哪些小程序存在。这里说的附近的小程序是指附近有哪些在提供服务的店，同时也有小程序。

例如，家附近有三家兰州拉面馆，其中一家有小程序，用户搜兰州拉面时就会发现有小程序的那家拉面馆。这个功能的逻辑和百度直达号是何其相似，但是放到小程序里就感觉更合适一些。

7.2.8　客服功能

用户可以在小程序内联系客服，支持文字和图片功能。商户可以在 48 小时内回复用户。用户在点击发起客服信息后，将会被带到一个聊天界面，用户可以在聊天界面中直接与客服进行交流。用户在与客服沟通后，可以在聊天界面找到小程序客服消息，可以找到发送客服消息的历史。

客服消息接口是微信提供的，有以下特点。

① 客服消息图标是微信统一给开发者的。

② 开发者可以自己处理客服消息，也可以接入微信多客服功能。

③ 无法得知客户在哪个页面发起的客服对话。

7.2.9　扫一扫功能

小程序内可以打开扫一扫功能，这个功能就比较强大了。很多线下的场景都用得到扫一扫，最典型的就是共享单车、线下实体店绑定会员打折等。原本是 APP 中的功能小程序可以实现了。

7.2.10　参数二维码

这是一个非常重要的运营工具，可以使用参数二维码意味着可以扫码进入小程序的不同页面。当然，参数二维码的数量是有限制的，不能无限制使用。但对于绝大多数的创业者来说，足够了。线下服务场所、餐饮、娱乐、会所等都可以通过参数二维码的方式区分服务区域，并基于独立的页面完成消费的闭环流程。当然，参数二维码也是一个很好的评估渠道效果的方式。

7.3 运营策略

虽然小程序的运营思维和运营要素和以前有所不同，但是运营策略有相通之处。运营策略主要是围绕产品链接、需求满足、商业价值三个核心要素的人工干预行为，而这一切都是围绕着用户做文章的。

在实践中，运营部门的所有工作都是围绕如何将用户和产品进行链接，并使其购买产品，进而成为忠实粉丝。这对员工的要求是非常高的，需要熟悉产品、熟悉营销、熟悉用户、能策划、能做数据分析。运营专员的素质要求不亚于一个企业的产品经理。好的运营人员需要对产品每个维度运筹帷幄，并且综合能力要求很高。简单地说，运营就是一切能够帮助产品进行推广、促进用户使用、提高用户认知的手段。

小程序的运营模型和 APP 运营、新媒体运营、社群运营有很大的不同。APP 产品运营关注的就是拉新、留存、活跃、变现四个核心环节。运营模型就是围绕这四个环节做设计的。新媒体运营主要是内容运营，和小程序运营模型最接近的就是网站运营了，但又不完全一样。但无论做什么样的运营策略，肯定都逃不出三个基础，就是 3P 模型——Product、People、Path。

首先是 Product

Product 也就是产品，这个在上一章已经详细阐述过了。没有好的产品和服务，一切运营工作都没有意义。对运营而言，一个好的产品肯定是非常方便运营的。满足用户需求是最基本的，除此之外，越具备差异化的产品和服务越容易做运营。这个道理在战略一章也详细阐述过了。

对于运营工作人员，如果能够给产品额外加的一些"背书"，也会增加产品的亮点。例如，找意见领袖使用产品，并展示给用户看；围绕产品调性塑造一些具有社交货币属性的概念。这些都是运营人员可以额外增值的辅助工作，都是让用户能够感受到其是一款好产品的做法。

第二是 People

People 也就是用户，产品一章里提到用户画像的重要性。运营讲的用户，主要是讲用户生命周期。无论是 APP、网站还是公众号的用户，都会存在一个从"到来"到"离开"的生命周期。运营需要围绕用户的生命周期多做文章，在用户使用产品的整个环节多采取一些运营手段做干预。

小程序虽然可以干预用户的地方比较少，但不是没有。常规的运营手段也是可以用的。

用户初次使用时可以多采取一些让用户获利的运营手段，不同类型的产品方法不同。内容类可以通过达人 UGC 的传播、标签用户等方式。论坛类可以通过关系链互动、升级快、连续登录奖励等方式和利益挂钩。电商类可以通过细分人群，然后根据人群的特点构建消费场景、迎合用户的预期、聚集人群。人群可以通过自然属性、收入、性格等方式来做。

刺激第二次使用。小程序可以给授权的用户在一周内发送一次消息提醒。这个环节是唯一一次可以再次唤醒用户的机会，与 APP 运营回流阶段做运营的手法比较接近。推出新功能、二次使用大礼包、新内容新活动、关系链刺激、节假日和事件刺激，都是比较常用的方法。

其实，小程序在用户这一部分能够下工夫的地方比较少。如果想持续做用户运营，最好是在用户初次使用时可以引导用户关注自己的服务号，或者进入社群。这样后续持续维护的难度就会降低很多。刺激用户二次使用小程序，不能采取伤害用户的方法，例如安全软件、手机体检软件经常会通过恐吓用户的方法拉回流阶段的用户。小程序断然不能采取这种方法，因为绝大部分的小程序都可能存在替代品，并非是缺一不可的。

任何威胁和警示的口吻必然会彻底地流失用户。在不增加开发难度和违反产品调性的前提下，增设小程序内部的论坛，也会是一个比较好的刺激用户再次使用的方法。

第三是 Path

Path 也就是渠道，渠道管理是所有互联网项目都会比较重视的，小程序的渠道管理也是比较常规的，除了官方唯一的付费推广渠道广点通外，小程序的线上渠道除了社群就是公司内部公众号了，可以发挥的余地不多。

但是也未必是坏事，原本付费推广的渠道就比较繁杂，而且需要专人维护投放。移动互联网创业水涨船高后，如今已经很难找到性价比高的渠道了。反而不如重点维护公司内部的公众号渠道，把有限的资金投入到公众号里，然后作为小程序的流量入口。

在小程序启动初期和冷启动阶段，也可以从自己的关系链中和一些社交平台去发掘种子用户。知乎、微博、百度贴吧、豆瓣、陌陌，这些都是比较好的渠道。在我看来，其中最重要的就是社群，创业者务必重视社群运营，可以帮助自己在冷启动阶段获取需要的种子用户。

总体来说，运营细分方向虽然很多，包括内容运营、产品运营、社群运营、用户运营、市场运营、品牌运营等。但任何运营策略都离不开以上三个要素，基于 3P 模型和常规的 5w 模型，可以将小程序做运营策略的步骤简化，具体如下：

第一步确定运营方案的目的

在做任何一个运营方案之前，先问清楚自己，为什么要做这件事。也就是一个方案的目的。产品所处的周期不同，方案的目的不会相同。

一个产品的运营周期可以分为四个阶段：预热期、灰度期、全量期、日常期。预热期主要就是挖掘种子用户，先把第一批种子用户找出来，通过用户的反馈可以及时调整产品和运营方案；灰度期就是冷启动阶段，一般都是通过各类免费渠道获取用户的；全量期就是一个花钱的阶段了，品牌也极为重要了，需要各种增加曝光度的方法，例如软文和硬广，如果有资金实力就要开始规律地上了；日常期就到了日常运维的阶段，一般做新方案的节点就是节日，或者所在领域的重大活动。

根据产品所处的周期和运营模型，确定方案的目的是为了拉新，还是促活跃，还是做留存，还是拉回用户，或者就是单纯地为了提高关键指标，例如电商小程序，做一些拉新销量和转化率的事情，或者是跟进竞品。通常情况下，只要竞品做活动，或者遇到重大节日，运营人员都应该有相应的跟进策略并做出活动方案。

第二步分析竞品是怎么做的

确定了方案的目的，就可以去看看竞争对手是通过什么方式实现这个目的的，竞品是如何做这件事情的。例如一个地方社区类小程序打算拉新，竞品就是同城其他 APP、网站、小程序、公众号。那就要去看看，这些直接竞品和间接竞品是如何做拉新的运营方案的，效果如何。一般分析一个竞品的运营方案可以看三个维度——创意层，就是看看整个方案的创意点在什么地方；产品层，具体体现在产品里面是什么样子的；传播层，就是通过什么样的方式传播出去，内部传播还是借助外部渠道。

第三步确定我们要做的方案

有目标，也知道别人是怎么做的了。这个时候，就可以通过策划团队确定我们的运营方案——时间、地方、对象、事件。也就是什么时间在什么地方面对什么样的用户群体做一件什么样的事情。例如，打算本周末在公司会议室针对付费老客户做一个以茶会友的活动，还是明天晚上在花椒直播针对新用户做一次美女送产品＋吻印的活动。

做方案可以模仿、可以修改，更可以原创。重点还是这个方案是不是能让用户买账。至于是否原创，本质区别不大。从策划时代至今，其实各种创意都已经被用上了。运营不是重在做创意，而是系统地、规律地围绕新老用户做文章。重在系统持续，而不是一夜爆红。

第四步执行及做运营方案反馈

确定方案后就开始执行了，及时反馈数据是比较重要的。小程序的后台给出比较出色的运营数据分析框架，可以很容易地看出一个运营方案的效果。运营数据主要看流量数据和用户数据，前者可以看出拉新方案的效果，后者可以看活跃指数和转化指数。

7.4　内容运营

内容运营是通过内容来获取用户，甚至留存、转化用户的。内容运营分两类，第一类是别人的内容二次开发；第二类是自己的原创内容。多数媒体类创业运营的主要方式就是内容运营，企业是否选择内容运营作为手段，主要还是看是不是有内容输出的能力，和自己的产品和服务有没有内容属性。

除了富媒体类小程序，大部分小程序不需要内容运营，但这不代表小程序创业不需要内容运营。小程序创业多半是需要搭配公众号来进行，公众号对内容运营的依赖就比较重了，对于创业者而言，内容运营还是比较重要的。内容运营无外乎做两类事情，一是 PGC 内容生产；二是 UGC 内容输出。要么是输出优质原创视频、语音、文字；要么是引导用户生产优质内容。

内容运营简单地说就是选话题、定标题、写内容、做策划。选话题通常需要围绕自己产品的调性，跟热点或制造热点。定标题有很多方法，但无外乎是基于人性来设置标题中的关键词。速成的、恐吓的、权威的、宣泄的、窥探的、对立的关键词都容易激发用户的阅读欲望。写内容就是一个长期积累的功夫了，无论语言风格还是行文逻辑，做策划是针对UGC话题策划而言的，定好话题方向，其实就可以针对自己用户的特点设置一些更容易吸引其参与的环节。做内容不一定是文字类的，内容的范围包括但不限于视频、直播、文字等。

内容运营是所有的互联网创业必要的环节，例如，电商也需要做内容运营，靠内容运营和用户建立更密切的关系。内容越来越趋向于富媒体化，直播、小视频、视频这类形式越来越多，已经逐渐成为内容运营的主流手段了。对于创业者而言，视频账号、直播账号和公众号同样重要，这些都是未来的流量入口。用户越来越喜欢低成本、高收益的娱乐方式，最少的时间和最少的点击获得最愉悦的感受。因此，文字不如图片，图片不如视频，视频不如直播，既然微信封锁了内部力量导入小程序的可能，创业者除了公众号以外应该更加重视通过外部平台做内容运营获取流量的方法。

做内容运营除了需要遵循常规的运营规则外，还需要注意以下几点。

第一围绕产品定位

内容运营不能偏离产品定位和品牌调性，内容运营做得最好的是杜蕾斯。杜蕾斯基本已经成为了内容运营的典范，但是无论杜蕾斯创意团队如何厉害，都始终没有超出杜蕾斯情趣用品的定位。在基于产品定位基础之上，以不变应万变的方式跟热点做方案。

内容运营人员如果不理解自己的产品，很难做出调性一致的方案出来。小程序时代更是如此，把内容运营作为小程序运营主要手段的创业者，必须要具备不偏离产品调性也能做出优质内容的能力。

偏离调性的内容获取来的用户通常不是精准用户，加上小程序很难留存用户，转化率就会非常低。

第二深入了解用户

对用户的理解建立在长期接触用户和解决用户问题的基础之上。

例如，做企业服务类的小程序，同时配套做内容运营。无论是基于公众号还是其他新媒体，如果想吸引最精准的用户，必须非常熟悉自己用户的特点和内容消费的偏好。

不是所有的无厘头、无节操的内容都能满足用户，不同的产品有不同的用户群体。年轻化的语言风格自然适合年轻化的用户群体，但小程序类型多种多样，很多用户不喜欢甚至排斥过于年轻化的内容。

这个需要根据自己的用户特点量身定做。

第三把握传播逻辑

内容运营的最终目的是为了引发传播，与文案营销的道理是相同的。只不过内容运营和文案营销不同的是，后者是围绕产品做营销的，而内容运营的产品就是内容本身。只不过内容的调性和目标用户的调性一致。

对于内容运营，传播逻辑最重要的就是找到能够引发用户分享的节点。没有分享，就没有后续的流量一说。这个节点可以是一个非常好的观点、评议，也可以是一个抢占先机的新闻事件，也可以是一个让用户产生共鸣的态度。总之，把握传播节点既要深谙互联网传播的规律，又要具备比较深厚的写作功底。创业者可以根据自己的实际情况量力而行。

7.5 社群运营

社群运营可以分为在他人社群内进行营销及自建社群两种。前者被认为是最好的免费流量建设的方法，后者是用户维护最好的阵地。社群营销的方法很多，很多都是基于陌生人社群进行营销的。基于社群进行营销有很多种方法，社群营销通常和粉丝营销是绑到一起的。混进社群塑造社群形象的目的是为了获取粉丝，但如何获取粉丝、如何运营粉丝、如何将粉丝转发也是一个系统的活动。品牌小号一般是配合社群运营而设定的，就是以微信个人号的方式出现，除了获得流量，通常还会有更深度地与用户之间的链接。

社群运营对于小程序创业而言是非常重要的，小程序天生就没有办法留存用户，社群是一个非常好的留存用户的办法。社群运营的方法和社区商务方式不同，社群运营从广义上讲是用户运营的一个手段，但是在小程序时代，社群运营更像是用户拉新和用户维系的一个营销策略。

一个好的社群是可以极大地增加用户对产品的黏性的，所谓的产品型社群就是这个意思。教育、电商、金融、企业服务类的创业项目，比较适合用社群的方式作为其运营的主要手段。对于这些类型的项目而言，社群有以下几个明显的优点。

① 容易接近用户：除了加为个人好友之外，社群是最能够接近用户的手段。

② 方便客户管理：之所以服务号长期以来不温不火，很重要的一个原因就是社群比服务号更能有效地管理客户。

③ 容易引发裂变：社群最大的魅力就是比任何一种运营手段都能够引发裂变。

在小程序时代，社群运营还有一个更重要的原因，就是在微信平台内，小程序唯一的面向多数人推广的渠道就是社群。

社群运营的方法有很多，对于小程序创业而言，最重要的是通过社群作为导流量的工具，这里就重点地讲一下这个问题。

首先，需要搭建基础流量池。所谓的基础流量池，就是建群和用户的基础，通过个人好友和他人的社群引流建群是最重要的两类流量。

个人号的好友其实到了 3500 个左右就到上限了，再多就很容易被屏蔽朋友圈消息。很多创业者会通过各种加粉软件和群控软件同时给上百个个人号增粉，这种手法微商和玩社群的创业者都会经常使用，这是一个比较重要的基础流程池。

加一些高质量的社群，也是非常重要的。虽然现在很多社群已经广告泛滥，但是优质的社群依旧有很多。花一段时间，用友好的方式混入 500~1000 个高质量的社群中，对于小程序创业者是很有必要的。

有了基础流量储备，就可以开始搭建自己的社群了。如果只是做用户管理，几个群就够了。但是如果是把社群作为一个流量的来源和裂变的基础，建群的数量应该以 100 个群为基本目标。这就需要一定的策略了。

① 定主题：任何一个社群都是一款产品，没有主题和没有价值的社群，对于大部分用户而言是没有意义的。学习群、交友群、培训群、资源群、福利群、星座群、职业群、老乡群，这些都是群的主题。

② 做鱼饵：鱼饵就是用户进入这个社群的理由。天下攘攘皆为利往，没有利益输出的社群很难吸引用户进来。当然，好玩、圈子、有名的群主也是一个鱼饵。通常代表性的"鱼饵"有：问卷、测试、游戏、福利、培训等。

③ 做推广：定完主题做好鱼饵后，就可以先将内部人员的群建起来，生成群二维码。下面开始推广，如果基础流量池搭建得足够好，好的鱼饵加上简单的 H5 页面或者几句文案就可以把初期的种子用户吸引进来。

④ 贴标签：开始推广后，用户就会陆续被吸引过来，这个时候要以最快的速度给用户尽量贴上详细的标签，方便日后的运营操作。可以根据性别、地域、年龄、星座、职业、属相、收入等贴标签，然后根据标签分组。

⑤ 扔炸弹：扔炸弹的目的通常是为了引发群的裂变，所以炸弹

必须要足够吸引人。有代表性的炸弹通常是钱或与钱有关的所有东西——抽奖、礼品、红包。当然各种免费的培训或无形服务也是变相的钱。

7.6 用户运营

互联网用户运营更注重通过各种激励的手段激活用户，增加用户使用时长或者带来商业转化。但小程序的用户运营和传统企业的客户关系管理更为接近。因为微信规定不能即时推送消息，单这一条基本封死了很多 APP 用户运营的手法。所以小程序的用户运营，更加注重的是客户体验和客户转化率。

用户经过场景入口进来，使用了一次小程序后，如何继续和我们产生联系，这个是非常难的。而且对于大部分创业者来说，如果不能产生基于服务和产品的交易，也是一件很头疼的事情。用户转化有一个指标，也是运营的重要指标之一，就是流量转化率，也就是用户转化率。CRO 作为运营最重要的一个指标，就是流量转化率优化。CRO 是一个 PC 时代的产物，但是非常适合小程序使用。

提高流量转化率的过程其实就是减少用户流失的过程。用户流失有 4 种常见的类型。

① 登录界面体验太差，直接跳出。

② 购物流程过于复杂，不够人性化。

③ 平台增信不够，失去用户信任。

④ 缺少足够的内容和创意吸引用户，或者与客户沟通不好。

简单地说，小程序想提高流量转化率需要把握好两点。

① 产品和服务的展示：如何更好地展示企业可以从包装产品和服务加增信上做文章。前者就是适度美化，后者就是第三方佐证。增信无外乎三个维度：一、背书：背后集团实力；二、媒体：媒体报道能够解决这个问题；三、产品：产品本身才是最大的说服力，让用户能够通过通俗易懂的方式感受到产品本身是值得信赖的。

② 客服人员的沟通技巧：对于 APP 而言，客服可能没有那么重要，但是因为小程序用完就走的特性，使其必须要让用户在第一次使用小程序时就能产生比较好的用户体验。因此，客服同客户沟通是非常重要的，可以说是临门一脚，如果在产品和服务展示不好的情况下，客户沟通做到位也可以得到弥补。

客服解决了客户关系建立和客户关系维护的问题。客服的任务其实就是客户开发和客户关系管理。客户的开发涉及到话术的整理和沟通技巧的训练，在此就不再赘述了。而客户关系管理的流程借鉴传统企业可以划分为三个环节，即客户关系的建立、维护和修复。

客户关系的建立需要经过三个步骤。

① 首先是识别客户，这包括识别客户对企业的价值究竟有多大。

② 其次是选择客户，就是企业应当与哪些客户建立关系，选择什么样的目标客户。

③ 最后是开发客户，即企业如何与新客户建立关系，如何获得企业需要的目标客户。

与客户建立关系是企业实现经营目标的前提，也是难点之一。客户关系的维护是一个长期的过程，客户关系的维护不只是维持现有的关系，更是一个驱动客户关系不断升级、发展的过程。

使客户对提供的产品和服务感到满意，必须从两个方面入手：一是把握客户的期望；二是提高客户的体验度。

7.6.1　把握客户的期望

如果客户的期望过高，一旦企业提供的产品和服务没有达到客户的预期，客户就会感到失望，产生不满情绪。如果客户的期望过低，可能就没有兴趣再来平台了，客户期望过高和过低都不行。要提高客户的满意度，就必须采取相应的措施来引导客户有一个合理的期望值，这样既可以吸引客户，又不会让客户因为失望而产生不满。把握客户期望的方法主要有以下两种。

1. 不承诺办不到的事

如果企业对客户的承诺过高，客户的期望值就会升高，会增加因企业无法完成承诺的事情而引发客户不满的风险。在和客户沟通的过程中，应当实事求是，不能为了争取客户而夸大其词，更不能欺骗客户。

2. 宣传时要留有余地

宣传时能够恰到好处并留有余地，使客户的预期保持在一个合理的水平，那么就会降低客户不满的风险，超越客户的预期时会让客户感到"物超所值"，增加对企业的信任感。

7.6.2　提高客户的体验度

提高客户的体验度可以从两方面入手：一是增加企业的价值，包括产品价值、服务价值和品牌价值等；二是降低客户的成本，包括资金成本、时间成本和体力成本等。

说到底，小程序时代的用户运营更多的是一种客户关系管理的策略。之前就说过，其实可以通过服务号的方式进行客户关系的管理。既然微信限制小程序的用户运营的功能，说明微信并不鼓励以往 APP 时代那种通过打扰用户来激活的手段。创业者应该把更多的精力放到为用户服务上面，对于用户的反馈能够及时回应。

对于提供实物产品和服务的小程序，通常情况下用户会比较关心以下问题。

1. 企业资质

电商类、金融类的用户一般对企业的资质都会想了解得多一些，如果没有在小程序内有充分的介绍或者无法做到全面介绍，用户一般都会咨询此类问题。客服工作人员应该提前准备好这些问题的答案，并总结出话术。

2. 产品细节

产品细节是用户比较关心的，大部分的产品只是通过图片展示和文字介绍很难做到深入了解，当然如果在产品设计时就留有产品视频展示和测评的版块就另当别论了。

3. 服务流程

对于企业服务、咨询类的小程序，用户肯定会比较关心服务的流程，这个客服人员也要做到提前准备。

用户可能问到的问题非常多，这里就不一一阐述了。

创业者最好可以梳理一个完整的客服话术，以备不时之需。整理话术的时候，最好能够将自己的产品和服务用清晰易懂的语言表述出来，对于所在行业的背景知识也要有所了解，同时对于行业内的竞争对手的情况也应该提前做好话术归纳。

小程序时代的用户运营可以多借鉴传统企业维系用户的手段，只有留住用户，才能有后续持续挖掘用户价值的可能，用户变现才不是一句空话。

7.7　市场运营

　　小程序的优势之一是推广成本低。小程序的市场运营最重要的有三个部分——WSEO、付费推广、营销策划。WSEO 和 SEO 的原理是一样的，这里就不赘述了。付费推广主要是依托广点通，这里也不赘述了。这里主要讲一下营销策划。

　　围绕小程序做营销策划，最核心的就是围绕参数二维码的曝光。微信对小程序的市场运营有先天限制，营销策划最容易奏效的就是和二维码有关的所有方案。所以小程序的营销策划本质上都是去做一个传播事件，不管是一篇文案的传播，还是一个事件的传播，还是一场活动的传播。

　　首先了解一下小程序的到达路径。常规的是：搜索关键词→发现小程序→进入小程序→退出小程序。如果是扫描二维码进入，路径就更短了：扫描二维码→进入小程序→退出小程序。

第二了解一下小程序的传播逻辑。根据小程序的到达路径，基本可以知道其传播逻辑和网站会比较接近，但本质的区别在于社交媒体有天然的便捷优势。日本电通提出的 AISAS 分析模型是用来解释网站的营销传播逻辑的。

① Attention。

② Interest。

③ Search。

④ Action。

⑤ Share。

这个模型和小程序传播逻辑差不多，只不过小程序可能会更丰富一些，基于这个模型可以将小程序的传播模型分为三大类。

第一类是线下场景

引起注意→发现二维码→扫描二维码→链接场景→使用服务→分享给社群或朋友。

第二类是阅读场景

引发兴趣→阅读文章→发现二维码→扫描二维码→使用服务→分享。

第三类是搜索场景

引发兴趣→搜索关键词→发现小程序→使用小程序→分享。

第四类是社群场景

引起注意→发现小程序页面→进入单页面→使用小程序→分享。

无论是任何场景下的传播模型，其实第一步都是引起注意或者引起兴趣。而营销策划的起点就是做一个可以引起用户注意或者引发用户兴趣的创意。创意的形式多种多样，常规的无外乎文案、H5、视频、活动四种。但是无论是什么形式，其中一定要有可以触达二维码的环节，或者能够引发用户搜索动作的环节。

7.7.1　文案营销

文案营销的环节可以有以下几步。

第一定调性

① 析利害：提出问题，阐明利害，解决问题。

② 讲故事：描述故事，提炼经验，得出结论。

③ 谈情怀：列出立场，展开描述，升华理念。

第二选关键词

① 产品正相关。

② 符合用户搜索习惯。

③ 研究竞争对手。

第三定标题

① 设悬念。

② 号召式。

③ 提问式。

④ 爆炸式。

⑤ 寓意式。

第四写内容

7.7.2 视频营销

① 视频主题。

② 制作视频。

③ 视频发布：很多第三方视频网站都可以成为发布的渠道，除此之外，微博、新媒体、直播平台、小视频平台也是不错的视频发布渠道。

7.7.3 H5营销

这是比较重要的小程序营销方式。

7.7.4　活动营销

活动营销比其他几种形式要复杂一些，除了常规的运营考量外，还应该考虑到以下几个方面。

① 时间周期：各种节日和社会热点。总周期为三个月，每个活动的周期依具体情况而定。节假日与热点期，以及月中工资日，避开周末。

② 部门配合。

③ 活动预算活动营销一般成本比较高，一定要做好前期的预算。

④ 活动测试：很多活动可能会涉及到技术层面的问题，例如，抽奖、代金券、积分兑换。最好提前安排时间进行测试。

⑤ 推广渠道：如果是社群内的活动可以相对简单一些，推广渠道一般是新媒体或其他社群。如果是线下活动就需要考虑得周全一些了。在此不再赘述。

7.8　品牌运营

小程序时代，品牌极为重要。这一点连微信官方在做行业交流大会时都明确提醒企业，做小程序一定要有一个比较好的品牌。

品牌的形成是一个结果，可以说品牌是创业到高级阶段的产物，也是运营的高段位策略。创业公司往往会把品牌的职能弱化，甚至略去。这个是可以理解的，过早地投入精力到品牌上面，无疑是拔苗助长，产品、营销、运营、品牌是一个层级递进的关系。任何一个项目在初始阶段的核心都是产品，产品团队就是一切。营销主要的任务是把产品卖出去，不管是产品的任何一种形态，都需要一个卖产品的过程。运营的主要任务是围绕用户需求的满足展开的，主要还是围绕功能效用层面而来的。品牌的主要任务是围绕调性做文章，通过品牌运营的各种手段稳步形成自己的调性，做出市场的区分度来。

对于很多项目而言，品牌是一个自然而然形成的过程。尤其是互联网产品，产品本身的体验和核心功能点，就基本可以锁定其基本的品牌调性了。但是对于绝大部分创业项目来说，品牌仍旧需要进行系统规划。毕竟，品牌的形成也意味着很多无形资产的产生，这种可以给任何周边产品带来溢价的存在，自然也需要一个比较长的培养过程。

公司启动品牌规划之前，必须有一个大前提，就是战略定位和产品定位必须基本清晰，否则过早的做品牌方面的投入会得不偿失。虽然，品牌往往是中后期发力的事情，但是规划却要趁早。在战略定位和产品定位不断调整的阶段，品牌也配合着进行调整，和项目一起磨合。

品牌一词源于古挪威语"brandr"，最早指给动物"打上烙印"的意思，关于品牌定义的集大成者是菲利普·科特勒，他认为品牌就是一个名称、名词、标记、符号或设计，或是它们的组合，其目的是识别某个销售者或某群销售者的产品和服务，便于同竞争对手的产品和劳务区别开。

简单地说品牌具备三个属性——非物质性、专有性、资产性。非物质性指品牌是无形的以物质为载体来表现自己的，图形、标记、文字、声音都是其直接载体；间接载体主要有产品的价格、质量、服务、市场占有率、知名度、亲近度、美誉度等；专有性指消费者基于品牌区分其他类似商品，常常可以在颜色、包装或标识中看到此类特性。

品牌实践的繁荣是从麦克尔·罗伊（McElroy，1931）提出和建立经理制及品牌管理系统后开始的。严格地说，品牌理念研究的专业化，直到 1950 年世界著名广告大师大卫·奥格威（Ogilvy）在《哈佛商业评论》上发表了《产品与品牌》一文才算正式开始。

这主要依附于广告学和市场营销学，随后进入管理学、消费经济学和消费心理学的视野，到 20 世纪 80 年代，又进入会计学的研究范畴（如品牌资产理论等）。

中国的企业在 1988 年之前，基本上没有品牌管理的概念。那时中国的改革开放刚开始，整个市场处于卖方市场。在那个时期，产品质量最为重要，那时的品牌基本是口碑的代名词。

到了 1989~1993 年期间，市场经济已经进入一个蓬勃发展的阶段，产品出现了供过于求的状况，营销的重要性就体现出来了。从那个时候开始崛起了一批营销策划大师和各种点子公司。

渐渐地随着营销手段的穷尽，加上西方国家的企业不断地进军中国，很多企业开始意识到品牌的重要性，以广告公司为代表的第三方开始为中国的企业服务，做品牌相关的包装。那个时候的品牌还是指品牌的曝光度，所以谈起品牌一般就是指企业识别系统（CIS）。烧钱打广告是最常用的手段，而且企业家的目的很简单，基本都是以产品推广和销售转化为最终目的。

例如，那个时期的春都、杉杉，很多标王的出现都是以品牌曝光为主要手段。到中国加入世界贸易组织后，更多的西方品牌进入中国，占领了大量的市场，中国企业对品牌的重视程度彻底被激发了。

但随着互联网思维的普及和互联网企业的兴起，某种程度上改变了已经成型的品牌管理的理论。从世界范围来讲，品牌理论和方法论随着这些商业环境的变化也在变化。

大致可以将品牌理论的发展分为几个阶段：

① 品牌形象：这个阶段的理论主要就是做品牌 VI 输出。

② 品牌营销：这个阶段就是强调品牌的传播和曝光度。

③ 品牌定位：品牌定位的出现就是因为品牌形象理论和后续的品牌营销理论都没有办法深入挖掘品牌价值，定位就是找区分度，提炼品牌的内在价值。

④ 品牌战略：品牌战略阶段的到来受三个因素影响：一、多数行业的产品都处于红海竞争的阶段，品牌应该从战略定位、产品定位后就做，体现出品牌的重要性；二、新兴行业的出现，尤其是互联网公司的大量出现，产品的名称往往也是企业品牌的名称。品牌一开始就是战略层面的问题；三、很多行业的用户，价格敏感度在下降，用户群体越来越偏向于圈子亚文化，所以品牌已经成了筛选用户、留住用户的非常重要的一部分。产品功能的上位诉求、情感诉求越来越强，所以品牌已经成为一个战略。

品牌的含义可以分为很多层次，但从用户或企业的视角看无外乎要解决两个核心问题。品牌对于用户而言是一个符号，这个符号有区分同质性产品的功能，有提示产品或服务品质的功能，有建立和企业感性联系的功能，也有降低信息获取成本的功能，很多品牌会让用户可以快速地知道这个品牌背后的产品和服务。

这个符号可以建立和企业之间的无形契约，互联网金融有一家比较有名的企业——红岭创投，对于用户而言，红岭创投这个符号代表这个企业不同于其他公司的品质和背后各种理性、感性的因素，在红岭创投出现问题时，很多人依然继续支持，说明红岭创投这个符号和很多人建立了无形契约。同样是互联网金融公司，出现坏账但没有跑路的企业，用户流失有多有少，这就是这个无形契约到底有多深入用户的内心。符号代表了很多层次，一、价值观；二、信任度；三、产品和服务的链接；四、可能性。

但和人建立的心灵契约到底有多深，这个完全取决于企业在品牌上下了多少工夫。产品、运营都是商业层面的事情，但品牌不同，品牌首先是务虚的，但务虚的品牌可以给商业提供额外的附加值。所以品牌是一个高级别的商业行为，很多已经上市的企业未必有自己的品牌，因为没有建立和用户之间的心灵契约。很多人讲，品牌IP化时代到来了。其实品牌原本就应该IP化，只有这样才能和用户建立更深层的心灵契约。

从企业的角度看，品牌是一个可以溢价的无形资产。

首先品牌是资产，一个企业的品牌反映其战略定位、产品规划、公司文化。同时也反映了其背后常年的运营投入和各类投入。

其次，品牌作为一个无形资产是可以溢价的，品牌的价值通常在转让之前是无法作价的，但是价值可以溢价到产品和服务中。一个好的品牌可以降低各类成本，例如，一个醒目的广为人知的品牌可以降低获取用户的成本，可以降低商务谈判的成本，可以降低运营成本。

最后，可以使自己的产品和服务高出市场价格、提高利润可能。产品规划再好、商业模式再好，既不能降低成本，也不能基于现有产品提高定价。只有品牌是可以的，很多品牌的溢价是非理性的。

因为当用户和一个品牌建立了一种心灵契约时，定价就再也不是基于成本和竞争对手考虑的了，定价就不再是一个纯粹的市场行为了。例如，《火影忍者》的玩偶，看上去卖的是 IP，其实卖的是用户的心理预期，预期越高可以承受的价格越高，说明用户和品牌之间的关系越深。其实品牌不仅仅局限于产品和服务，也可以是一种思想、一种意识形态。为一个大师的笔墨买单也不全是市场行为，品牌的最高境界是洗脑，研究品牌应该研究意识形态传播和宗教学。

小程序时代想做好品牌运营，可以从定位、传播和维护三个方面进行。

7.8.1 品牌定位

品牌定位要基于企业的战略定位和产品的特点。战略定位中可以明确企业的价值是什么，在整个产业链条上的价值又是什么？然后，可以根据这个去延伸自己的品牌。品牌定位应该在创业初始就完成。品牌定位分为几个维度。

1. 价值定位

基于企业产品的战略定位和企业的核心价值，梳理出品牌的核心价值。通过品牌向消费者承诺某些功能性、情感性及自我表现性的利益。举个例子，罗辑思维初期的核心价值是给用户每天输送一条有价值的 60 秒语音，帮助用户提升自身的知识素养并开拓视野。所以罗辑思维在做品牌价值定位时就会给人一种高层次、讲诚信、有文化的感觉。

再例如，陌陌的核心价值是帮陌生人通过兴趣找到朋友，所以陌陌的品牌价值定位也基本是围绕这个来的。一旦确立了价值定位，在做任何营销广告或者商业行为的传播时，必须围绕价值定位做输出。否则，消费者就会一头雾水，大脑中无法建立起清晰的品牌形象，乃至根本不信任品牌核心价值。

在产品功能、包装与外观、零售终端分销策略、广告传播等所有向消费者传达品牌信息的机会都要体现出品牌的核心价值，用品牌核心价值统帅企业的一切营销传播活动，才能使消费者深刻记住并由衷地认同品牌的核心价值。所以要让消费者刻骨铭心地记住核心价值并发自肺腑地认同，必须通过深度沟通让消费者真切地感受品牌的核心价值。

价值定位其实就是为品牌寻找灵魂的过程，与其说是塑造价值，不如说是发现价值。战略定位越清晰的企业、产品规划越明确的企业就越容易给品牌"找魂"，"找魂"就是找到品牌符号背后的一切。品牌价值定位代表了企业对外展示的价值观，承载了企业对用户的情感，也代表了关于产品和服务的定位及品质追求。这些感性的因素和理性的诉求梳理出来之后，就能找到一个品牌的灵魂。

2. 形象定位

品牌想呈现什么样子，可以基于想传递的价值做出一整套的识别系统。在此过程中企业对内要进行深入剖析，明确自身的核心价值；对外要深入把握消费者心理，抓住其关注内容来进行潜入情感的、区别于竞争对手的、能打动消费者心灵的定位。定位一定要清晰和准确，不要模糊定位和定而无位。

品牌作为一个符号无法带来具体的产品和服务，带来的更多是感觉和想象。从企业的角度看，品牌策划就是找到值得投入的无形资产。什么样的品牌形象可以在未来的某日获得最大化的投入产出比。

① 品牌应该满足精准用户的某类感情诉求，例如，自由、安全感、财富、速度等。

② 品牌应该和企业未来的产品和服务定位保持一致。例如，如果企业的战略规划是，通过法律服务切入企业级服务的市场，那么，如果早期品牌主要是法律、律师相关的关键词，日后就很难衍生到其他领域，所以刚开始时要定位好。

③ 品牌的调性和企业的文化要保持一致，一个创始团队和员工都很严肃的机械公司，有一个过于调皮的调性也许可能和产品无冲突，但很容易让用户和未来的利益关联者产生对团队的错误评价。

除此之外，要重视用户的喜好，强调用户的感觉。过去的品牌设计是站在企业的立场上看问题，例如，强调可识别度。但不是所有的用户都喜欢宝洁、可口可乐、宝马的LOGO，有不少产品的品牌感觉极为粗糙，但仍有大量用户喜欢。所以品牌设计不能完全从专业、美学角度看，更要从用户的心理看。

7.8.2 品牌传播

品牌传播的核心目的就是让受众识别品牌、认可品牌、建立心灵契约。品牌运营的策略和运营是有相近之处的，都是围绕用户需求做文章，只不过品牌运营关注用户需求的层次更高，属于KANO模型中的幸福型需求。品牌围绕着更"形而上"的目的——最终建立和用户的心灵契约。

品牌传播的策略有很多种，对于小程序创业者而言，最值得借鉴的策略有三种。

1.集中传播策略

也就是说在某个阶段主要传播一个品牌或品牌的某个调性。通过反复强调让用户建立和品牌的某个价值之间的联系,例如高效、酷、反潮流等,适合早期资金实力和人才储备欠缺的企业。集中传播策略成本低、难度小,而且更能集中体现企业的意志,容易形成市场竞争的核心要素,避免消费者在认知上发生混淆。

2."背书"传播策略

这个主要是"抱大腿",通过与其他品牌的合作,快速提升品牌影响力。这个比较适合有战略投资机构和合作机构的企业。例如,腾讯出一款新产品,可以通过腾讯的"背书"快速赢得用户信任。

就目前而言,极少出现合作品牌的战略,但并非没有。微信和天弘基金的合作,便是合作品牌战略成功的典范。合作品牌战略是两个或更多的品牌在一个产品上联合起来,每个品牌都期望另一个品牌能强化整体的形象或购买意愿。

"背书"品牌策略可以快速切入目标市场,且凸显独立产品品牌的个性,巧妙地规避和降低了企业经营的风险。但缺点也是显而易见的,对于被担保品牌而言,对"背书"品牌既是支持,同时也是制约。"背书"品牌的形象可能会阻碍被担保品牌走自己的路。因此,当被担保品牌较为强大后,它可以选择走出"背书"品牌的"庇护",开创自己的天地。

3.延伸传播策略

小程序创业者很多是从传统企业转型的,原本就有自有的品牌。

只不过想通过小程序打造一个互联网平台或全新的互联网品牌。如果原本品牌有一定的影响力，就比较适合用延伸传播策略。例如，原本就是知名度很高的地方银行、大型担保公司或老牌基金，如果做一个金融服务的小程序或公众号矩阵完全可以采用品牌延伸战略。

简单地说，品牌延伸策略是将现有成功的品牌，用于新产品或修正过的产品上的一种策略。品牌延伸策略并非只借用表面上的品牌名称，而是对整个品牌资产的策略性使用。品牌延伸是实现品牌无形资产转移、发展的有效途径。品牌也受生命周期的约束，存在导入期、成长期、成熟期和衰退期。品牌延伸一方面在新产品上实现了品牌资产的转移，另一方面又以新产品形象延续了品牌寿命。

品牌延伸策略的优点、弊端都非常明显，优点是新产品一问世即可获得知名品牌化，大大缩短被消费者认知、认同、接受、信任的过程，极为有效地防范了新产品的市场风险，并有效地降低新产品的市场导入费用；缺点是极有可能损害原有品牌形象。

当某一类产品品牌成为强势品牌，它在消费者心目中就有了特殊的形象定位，甚至成为该类产品的代名词。将这一强势品牌进行延伸后，由于近因效应（即最近的印象对人们的认知的影响具有较为深刻的作用）的存在，就有可能对强势品牌的形象起到巩固或减弱的作用。如果运用品牌延伸不当，原有强势品牌所代表的形象就会被弱化。此外，这也有悖消费心理。一个品牌取得成功的过程，就是消费者对企业所塑造的这一品牌的特定功用、质量等特性产生特定的心理定位的过程。

应当确定自己原有品牌和试图涉足的领域有关联，如果把强势品牌延伸到和原市场不相容或者毫不相干的产品上时，就有悖消费者的心理定位。当一个品牌名称代表两种甚至更多的有差异的产品时，必然会导致消费者对产品的认知模糊化。这样就无形中削弱了原强势品牌的优势，形成原强势品牌产品和延伸品牌产品此消彼长的"跷跷板"现象。

总之，每一次传播都是与用户增进感情的机会。"从陌生人转变成参与者，再将参与者转化为消费者"，这是每个企业做社会化传播所追求的，也是未来社会化营销所发展的方向。

7.8.3 品牌维护

品牌传播是最终建立用户识别品牌的问题，品牌维护就是维护这个契约的关系。当然对企业而言也是维护品牌资产的问题。

从用户角度看，品牌维护就是解决品牌公关。

1. 表里合一

产品服务要跟上。

2. 规避危机

很多时候，一夜之间，危机就可以毁掉一个品牌。如果是产品服务出问题了，那是内因。但很多时候是意料之外的突发事件。例如，曾经的肯德基被卷入"苏丹红"的风暴中，很快，其就采取了系列措施。首先，公开发表声明承认"涉红"，然后，肯德基又连续向媒体发布了四五篇声明，及介绍"涉红"产品的检查及处理状况。接着，在广告上做文章。所有广告后面加上"肯德基产品均通过权威部门检测，请放心食用"等字样。主动配合以"揭露问题"著称的中央电视台《新闻调查》以及《每周质量报告》等采访节目。同时，对改正后的"涉红"产品进行活动促销，以此来恢复销售。

"祸兮福之所倚，福兮祸之所伏"，原本很多餐饮公司都涉及使用苏丹红，但危机公关不仅维护了肯德基的品牌形象，还很快在众多快餐公司中脱颖而出，消费者对其更加信任了。

3. 及时维权

品牌发展到一定阶段，很容易出现品牌被假冒的情况出现。从法律的角度看，品牌对外的形象主要涉及、商标、商号和品牌标语。企业应当及时建立这个机制、及时维权。

① 建立品牌知识产权管理制度。

② 进行日常品牌知识产权管理的监督，确保品牌知识产权的规范运用。

③ 加强企业内部品牌知识产权管理意识。

第8章

融资

8.1　融资理念

小程序时代的创业投融资环境和以前不会有本质的区别。但是，创业投融资理念将会有一定的变化。这种变化对于投资方而言是渐变，但是对于创业者而言将会有质的改变。

对于投资方而言，过往投资的互联网项目通常都是周期长、投入大、见效慢，故而对于种子阶段和天使阶段的项目，投资方更注重团队和商业模式。再加上，初创项目风险过高，中国的创业者又长期处在一个比较浮躁的状态下，以至于很长一段时间，初期项目成为了投资人的禁地。

基于小程序的创业，周期短、投入少、见效快，再加上微信庞大的生态支撑，成功概率也会更高，投资方可能会逐渐对基于小程序的初创项目青睐有加。

此外，小程序创业非常适合互联网＋的创业，这类项目的创业者多数不是互联网公司出身的，但在所在行业会有足够多的资源沉淀，对所在行业和互联网的结合也有比较深刻的认识。随着技术门槛和运营门槛的降低，会浮现出一批小而美的互联网＋项目。想通过互联网＋扩展企业的商业模式提高估值的传统企业，可能更容易也更愿意迈出这一步。对于投资方而言，优质的项目会慢慢变多，小程序必将成为一个投资趋势。

对于创业者而言，由于测试商业模式的路径变短，对资金的需求也下降了很多。为了100万到300万元不等的启动资金而焦头烂额的事情将成为历史，很多重度垂直的小程序创业完全可以基于自有资金启动项目。待到项目略有起色时，也可以先借助股权众筹的方式来进行第一个阶段的融资，毕竟100万元以内的资金更适合股权众筹这种方式。等到对接专业资本市场的时候，可能创业项目已经实现盈利，到时候再借助资本的力量打造多平台和进行市场拓展。

小程序启动成本低，但不代表估值低。虽然，坊间很多人认为APP用户的价值比微信公众号粉丝要高很多，但这种理念会随着小程序的崛起而改观。因为基于微信矩阵和背后的微信生态圈，完全可以构建复杂而深入的商业模式。如果基于小程序可以打通公众号、服务号、企业号、社群、个人号，项目的估值同样可观。

中国创业者虽然崇尚精益创业的理念，但是缺乏精益创业配套的投融资环境。小程序时代的创业者同样会面临APP创业者遇到的所有融资问题，只不过由于小程序创业船小好调头，创业者的主动权更多一些。通常情况下，创业融资难有两个原因：外因和内因。

首先是外因，主要受投融资大环境的影响。一直以来中国的投融资市场都是一个不对等的市场，创业者很难影响这个市场，主动权都是掌握在投资方手中。一旦整体金融市场出现熊市，投资方最先紧缩的就是和创业者密切相关的天使投资和风险投资。从 2015 年下半年到现在，资本市场一直都处在一个不太乐观的局面，创业者从专业投资机构拿到钱的难度越来越大。

再者是内因，这是创业者自身原因导致的，可以分为三个层面。

一是没有足够重视

很多传统行业出身的创业者一般缺乏融资意识，初次创业的人也是如此。没有花费时间寻找专业的天使投资人和 VC，有时也是因为没有精力。资金供给方和需求方原本就长期存在信息不对称的问题，创业者如果没有在创业初期引起足够重视，等到需要融资时，当然很难在短时间内找到合适的融资渠道。

二是项目不够成熟

笔者接触过不少创业项目，很多都是创业者的敝帚自珍。找不到融资，根本上还是自己的项目不行。创意好，产品用户体验好，不代表就是一个成熟的项目。成熟的项目至少应该是商业模式清晰，团队适配度很高，已经产生稳定收益或很快就能产生收益。没有做到这个阶段之前，去找专业投资机构，肯定会吃闭门羹。在创业媒体如此发达的今天，只要创业者不是过于封闭，成熟的项目基本都会有一定曝光度。敬业的投资人也都是追着好项目跑的，真正出色的项目早晚会进入他们的视线。

三是不懂包装项目

完全没有接触融资渠道和项目十分不成熟都是比较极端的情况。

更多的项目和创业者是处在中间阶段，项目也不是非常出色，但也并非没有机会做大做强，这个时候包装项目就非常重要了。很多项目是有一定投资价值的，但创业者不懂得如何挖掘项目亮点，即便接触到投资人也不能赢得其青睐。包装项目不是简单地做个百页的商业计划书或者漂亮的PPT，更不是"王婆卖瓜"般夸大其词，最重要的是，把项目最核心的亮点挖掘出来，并有逻辑地展示出来。

总体来说，专业机构融资难的问题在小程序时代一样会存在，但是创业者如果主动选择新兴的融资渠道，并从思想上重视起来，这个问题会慢慢有所改观。

从法律性质上讲，融资有股权融资和债权融资两种。互联网企业主要是以股权融资为主，债权融资为辅的。股权融资是指企业的股东愿意让出部分企业股权，通过股权转让或企业增资的方式引进新的股东，新股东引进后，享有股东的权利和义务的融资方式。股权融资所获得的资金一般较为充足，企业无须还本付息，但新老股东需要分享企业的收益。

股权融资从资金的渠道又分为内源融资和外源融资。内源融资主要是企业依靠股东、员工、企业自有财产投入，从而满足发展及投资需求，主要存在于企业的初创阶段；外源融资是指企业的外部资金来源，这也是创业企业融资的主要模式。在企业内部融资不能满足需要时，创业企业自然将目光投向外部，向外部筹集资金，吸收其他投资主体的资金。

外源融资的特点是筹资充足、成本较高、灵活多样。与内源融资相比，虽然外源融资成本较高、风险较大，但在企业不同发展阶段发挥着不同程度的作用。创业企业的外源型融资主要有以下几个渠道：

① 首先是个人天使投资者，企业最容易拿到资金的渠道之一就是个人天使投资，但适合的天使投资人往往很难遇到。天使投资人很多是成功的创业者，对行业和创业都很熟悉，往往能够在很短的时间内判断一个项目的前景。而且天使投资人投人多于投项目，往往喜欢根据对创始人和团队的判断决定投资。

② 第二个比较常见的就是风险投资，相比于个人天使投资者，风险投资的门槛就高了一些。风险投资机构通常是以私募股权基金的形式存在的，有专业的基金管理人，他们会投不同阶段的企业，有些阶段的资金规模也许和个人天使人相差无几，但通常会比较理性。从广义上讲，专业个人天使投资人者和天使投资机构也是风险投资机构的一种。

③ 第三个比较常见的就是股权众筹，股权众筹是新兴的股权融资的方式，目前还在试水期，股权众筹的项目和平台类型繁杂，参差不齐，不是所有的项目都适合股权众筹。

以上三种是比较常见的股权融资渠道，创业企业一般也是通过这三种渠道融到所需资金的。值得一提的是，还有两类融资方式，虽然不能满足企业的资金需求，但有助于为企业做增信。一种是区域性股权交易所挂牌；另一种是申报创业补贴。

实践中，企业很难从区域性股权交易所融到所需资金，但可以拓宽企业的融资渠道，接触专业的资本市场，为日后的风险投资和股权众筹做增信。

区域性股权市场是由地方政府管理的、非公开发行证券的场所，是资本市场服务小微企业的新组织形式和业态，是多层次资本市场体系的组成部分，简称"新四板"。

2015 年，全国各省市自治区已陆续成立了 31 家区域性股权交易中心，发展较好的有前海股权交易中心、上海股权托管交易中心和北京股权交易中心，目前大多数"新四板"业务范围主要以债信融资、并购重组、股权融资为主。

此外，在深圳、上海、北京等支持创业的一线城市，创业者可以利用政府的特殊优惠政策，取得资金奖励、税收、补贴等利于企业发展的福利。成功申报政府补贴也就相当于间接获得政府背书，有利于在其他融资渠道拿到资金。不过，这对企业的要求比较高，主要适用于具有行业或产业优势，技术含量高，有自主知识产权或符合国家产业政策的项目，通常要求企业运行良好，且达到一定的规模，企业基础管理完善等。

基于企业的发展阶段不同，也可以将融资企业分为三种类型：初创期、发展期、突破期。

初创期的企业，基本是靠创始合伙人的投资，属于典型的内源融资。除了少数特别出色的创始团队会在创意阶段便拿到一笔足够启动的种子资金，多数处在初创期的企业拿不到外源融资。

发展期的企业是需要一定规模的资金的，如果企业内部通过股东出资或员工股权激励融资解决资金的问题固然很好，但通常情况下，内源型资金规模有限，很难满足企业需求。发展期的企业是最需要外源性融资的，这个阶段的企业虽然处在上升趋势，但自身实力还比较弱，往往处于刚刚开始盈利的阶段，如果没有外援，将会经历比较漫长的发展周期。绝大多数创业者都会在这个环节停滞不前。

突破期的企业通常商业模式已成熟，盈利状况也不错，需要大规模的融资来解决企业突破性发展的需求。突破期的融资方式，主要以新三板挂牌、境内外 IPO 等方式为主。

小程序时代的创业者，可能会面临一个投融双方关系比较微妙的阶段。投融双方都会很快意识到 APP 创业的时代即将过去，优质的人才和优质的资本都会进入到小程序领域。而创业者对资本的依附性会越来越小，投资方也会渐渐意识到小程序创业的优势。原本不对等的关系，将会随着小程序时代的逐渐到来而消失。当然，不对等的关系消失，并不意味着创业者可以轻易地拿到投资。对资本的依附性小，只是说小程序创业启动资金变少了，但未来想长足发展一样需要借助资本市场。

只能说，靠一个创意和几个人去忽悠钱的时代快要过去了，无论是创业者还是投资方可能都会等一个项目跑通了商业模式才开始进入投融资的阶段。跑通商业模式，对于创业者而言底气变足了，对于投资人而言风险变小了。如果说小程序时代投融资最大的变化是什么？我想应该是高高在上的投资人和满嘴跑火车的创业者都会越来越少了。

8.2　风险投资

小程序时代，跑通商业模式完成产品测试的周期会比较短。创业初期便需要做好一个详细的融资方案，一旦跑通模式，通过资本市场进行融资时，一样需要做一个详细的融资规划。

资金需求和使用规划对于投资方和创业者自己都是有用的。创业者在做融资规划时，应当重点关注三个核心要素，即项目估值、商业计划、路演PPT。项目估值是磋商的前提，商业计划是完整的展示项目，路演PPT则是可以用最快的时间建立投融双方的认知基础。

8.2.1　项目估值

正确而合理的估值是企业融资成功和保证控制权的基础。初创企业如果报价过高，则难以与投资人达成一致；如果报价过低，同样的投资额下，投资人入股后所占的股权就会变大，初创企业的控制权就会受到威胁。尤其对于互联网企业而言，如果没有准确的评估要素和合理的衡量标准，估值的不确定性就会被无限放大。

企业估值，是指着眼于企业的内在价值进行评估。企业内在价值取决于企业的资产及其获利能力。现实中对企业进行估值，一般采取多种评价要素综合考量、多种计算方法，以及潜在接盘者的价格预期，综合考虑得出最后的估值，这是由企业性质、盈利模式等差异决定的。

例如，根据估值的讨论方式不同可分为：投资前估值和投资后估值。顾名思义，投资前估值是投资者在投资前对公司现在价值的评估；而投资后价值就是投资前估值加上投资额。而根据项目或者企业属性不同，传统项目或公司的估值一般是基于现金流基础进行的，而互联网企业则往往需要通过积累用户再转化利润的过程，对其估值的方法与传统行业大不相同。因而很多情况下，追求的是其合理估值，然后通过投资人与企业的谈判，在某一区间内选择双方接受的价格，而非双方各执一价，互不退让。

以 Facebook 为例，其在发展之初的估值方式也并非以定量化公式进行，而是依靠寻找对比公司，综合各因素进行初步预期，然后根据公司的创立成本、下一步需要的投资作对比，最后经过商业谈判等达成最终估值的一致。

天使轮和种子轮的估值比较难，主要是因为企业通常还没有盈利，也没有足够时间的经营数据。投资人在给这两个阶段的企业估值时，通常都是压得比较低的。主要因为投资的获利是由投资时的企业价值与退出时的企业价值决定的，天使轮之前的阶段通常风险高，日后的企业价值也难以预测，如果估值过高，企业即便日后生存下来，投资者也未必能够盈利。所以这个阶段的投资，一般都有一个投资上限的心理预期。不同投资人的上限不同，但一般很少能突破 500 万元，反过来根据企业出让的股权对价也可以大概知道投资人对这两个阶段的企业估值通常不会超过 5000 万元。除了极优秀的项目，在刚启动不到一年的阶段内，1000~5000 万元的估值会是一个比较常见的区间。

虽然这个阶段的估值比较难以量化，但是可以通过博克斯法，有一个基本的估值思路。简单地说就是根据创业过程中最核心的资源分类进行估值，最终确定企业的价值。

例如，一个 O2O 的项目，好的商业模式可以值 200 万元，一个出色的创始团队可以值 300 万元，巨大的市场前景可以值 200 万元，和创业相关的资源沉淀值 300 万元，这样，这个 O2O 项目可能刚启动就可以估值 1000 万元，投资 300 万元可以拿到 30% 的股份。当然了，这种估值方法仍旧是不科学的，但对于无形资产很多的创业项目来讲，这种估值的方法至少比拍拍脑袋要强得多。

进入 VC 轮，就会采取一些比较专业的估值方法了。通常会采用综合倍数法与实体现金流贴现法。

① 首先用倍数法估算出企业未来一段时间的价值，如 5 年后价值 2500 万元。

② 其后决定年投资收益率后，得出投资在相应年份的价值，如 50% 的收益率，投资 10 万元，5 年后的终值便是 75.9 万元。

③ 最后用投资的终值除以企业 5 年后的价值就得到所应该拥有的企业股份为 75.9/2500=3%。

这种方法的好处在于如果对企业未来价值估算准确，对企业的评估就很准确。

总体来说，公司估值没有一个通用的方法，不同的投资机构，面对不同阶段的公司也有不同的方法。一般而言，初创期的企业，方法较为灵活；对于发展期的公司，VC虽然通常采用上述P/E倍数的方法估值，倍数通常是5~10左右，但不同发展阶段和行业的公司，倍数也不同。

小程序创业本质上还是互联网创业，对其估值的方案可以借鉴互联网企业和高科技企业初期项目的估值方法。

1. 成本法

成本法的核心就是根据取代关键资产所需的成本来衡量公司当前的净值。例如，一个O2O的小程序平台，同时还有线下实体店和公众号、社群、个人号等资源。用成本法就是复盘根据现在的行情重新做到这个水平，大概需要多少钱，进而进行估值。

2. 市盈率比较法

市盈率比较法的本质就是看行业竞品的估值，通过对比做估值。这种方法的优点是简单易懂、有参照物；缺点是不稳定，也不能正确评估出企业的未来价值。毕竟即便是同一个行业的竞品，如果战略不同、资源不同、团队不同，未来的价值也不相同。发展期的互联网企业经常会用这种方法估值。

3.市值用户比较法

这种估值方法是互联网平台最常见的估值方法之一，这也是长期以来的观念导致，互联网的商业模式主要还是围绕用户转，有多少注册用户、活跃用户、付费用户这些运营的指标，会直接影响项目的估值。

但是小程序没有关注的功能，只能通过日活和月活为指标反推用户的数量。

市值用户比较法的区别在于单个用户的价值，一个金融平台的用户肯定比一个游戏平台用户值钱，一个游戏平台用户可能会比一个社交用户值钱。而且即便是同一类的平台，不同品牌也会有不同的用户估值。这个控制权基本掌控在投资方手中。

从传统行业看 PE、PB，互联网公司看市值和用户流量之比 (P/U)。对于创业者而言，传统行业就是提高净利润，互联网行业就是提高用户数量。而小程序创业很多是传统行业和互联网的结合，可能需要双管齐下。创业者除了应该通过运营提升用户流量 (UV)，增加活跃用户数 (ActiveUsers) 的比例，也应该注重商业转化和单个用户的消费值。

小程序创业的营销回报率是比较高的，这一点可以增加企业的估值。营销回报率就是营销投入比上带来的收入或净利润。小程序的拉新成本比较低，营销回报率会比 APP 创业低。

在实践中，融资估值更多的是掌控在投资方手中的，但创业者在做融资方案时需要根据自己的判断做出一个公允合理的估值，将主动权掌握在自己手里。过高和过低的估值都会给企业融资带来隐患。

8.2.2　商业计划书

企业融资需求的对外展示大多数情况下主要表现形式为商业计划书和路演PPT。一份优秀的商业计划书能够把公司和项目的优势、潜力、运营思路、商业模式等完美地展现给投资者，从而获得风险投资人的青睐。

商业计划书的撰写是一个很简单的事情，但梳理商业计划书中的内容却非常难。一个完整的商业计划书会涉及战略、商业模式、财务、法律、品牌、营销等各种专业知识。创业者通常的短板会在财务和风险层面，应当借助外力辅助其完成。梳理商业计划书时，需要注意以下几点。

1. 对症下药

不同类型的投资人和不同的投资机构喜欢的风格不同。虽然风险投资的尽调清单都比较接近，但也各有侧重点。所以需要提前了解目标用户的喜好，有针对性地设计，突出他们比较关注的内容。

2. 突出重点

除了有针对性地设计计划书外，整体风格也要做到重点突出、逻辑清晰。如果可以，最好做到每页都有突出的主题和明确的目的。

3. 尽量简约

商业计划书虽然不是路演PPT，但尽量保持在20页以内。一页文字阐述的内容刚好可以由一页 PPT 对应。商业模式可以通过文字描述个大概，但主要也是在沟通中完成的。过于繁杂的阐述会让投资人产生创业者思路不清晰的印象。

4. 及时更新

一份商业计划书往往要给不同的投资人看，融资的过程通常也不是一两个月就可以完成的，所以要时时更新计划书的数据。这也有助于创业者不断迭代自己的思维，投资人也会有比较好的印象。

下面是一个通用版的商业计划书，可以供大家参考，实际设计时要根据创业者的需求做一定的增减。

1. 摘要

摘要是让读者能在最短的时间内评估商业计划并做出判断，主要包括项目的市场切入点、市场前景、产品、竞争对手，以及相比竞争对手的优势、优势是怎么做到的、市场运作、盈利模式、回报，以及团队优势。

摘要是商业计划书最重要的部分，就像论文的摘要和关键字一样，要紧紧抓住读者的眼球。如果摘要不能引起投资者的兴趣，他们甚至不会去仔细看计划书的其余内容。

计划书摘要需简洁、明了地解释公司基本业务、团队特质、核心竞争力、市场情况等。同时最好对于融资财务预测进行摘要性简述，如未来五年中，每一年的预期营业收入、成本支出和利润，以及需要的资金数额和这些资金的关键用途。

2. 公司介绍

主要是简要介绍公司的发展历程，包括公司的成立时间和成立过程、公司的法人实体类型，以及目前为止取得的成绩。过去的成绩是评估公司成功潜力的最佳参考指标，所以一定要确保公司取得的所有关键里程碑都包括在这一部分中。此外，下面几个核心要素也要阐述清楚。

① 合伙人情况：主要介绍创始合伙人的背景，投资人希望看到合伙人是否对企业的发展有不可替代的贡献和核心稀缺资源。

② 核心团队介绍及员工组成：这部分重点是核心团队的介绍。主要有团队成员及背景，目的主要在于表现企业资质；团队空缺，尤其当你是一家创业公司时，你的团队中肯定存在空缺的职位，存在你希望在未来能够补充的角色，在这里具体介绍空缺的职位，以及你希望未来能够填补空缺的候选人所具有的资格条件。

③ 股权结构与公司治理架构：股权比例、董事会成员及设置都是投资人关注的要点之一。此外，融资后要设立机构及相关人员配备；管理层及关键人员将采取的激励机制和奖励措施；管理层的薪酬和员工持股计划；知识产权、技术秘密和商业秘密采取的保护措施；公司、公司主要员工是否卷入过法律诉讼及仲裁事件中，对公司有何影响。

3. 行业情况

行业分析主要是针对市场基本概况和细分市场优势做出分析。行业分析的内容最好添加一些行业数据作为辅助，但是切记不可过多，否则会喧宾夺主。这部分通常也会对消费者进行分析，主要包括目标消费者和客户需求。目标消费者这一部分需要精准地定义公司当前和计划针对的目标消费者。还要详细阐明消费者需要你的产品和服务的原因，也就是客户需求点。

此外，还有竞争分析。竞争分析包括竞争者分析和企业竞争优势分析。其中竞争者又包括直接竞争者和间接竞争者。阐明竞争优势至关重要，具体而言，介绍能够支撑企业与直接和间接竞争者进行竞争，并取得领先的因素。

① 概述。

② 市场前景怎么样。

③ 目标客户。

④ 客户购买原因。

⑤ 列出产品的前三大客户类型，以及他们的购买力。

⑥ 所投资的产品行业目前所处的发展阶段。

⑦ 公司是否拥有专门技术、版权、专利、配方等。

⑧ 产品更新换代周期是多久。

⑨ 说明公司产品是否有标准。

⑩ 产品与同类产品的比较。

⑪ 产品的新颖性、先进性和独特性。

⑫ 产品在性能、价格、售后服务和技术支持等方面的优势。

⑬ 本公司与行业内五个主要竞争对手的比较。

⑭ 影响行业和产品发展的因素。

⑮ 过去 3~5 年各年全行业销售情况，列明资料来源。

⑯ 未来 3~5 年各年全行业销售收入预测，列明资料来源。

⑰ 公司未来 3~5 年的销售收入预测（融资不成功情况下和融资成功情况下）。

4.产品研发或产品规划方案

对于有实物产品的企业主要侧重产品研发的方案。互联网企业需要重点讲互联网产品的规划；有实物产品的企业重点描述以下内容。

① 产品成品演示。

② 产品功能表。

③ 依据功能表的研发架构。

④ 已研发成果及其先进性。

⑤ 未来研发产品。

⑥ 公司在研发阶段的资金总投入。

⑦ 计划再投入的研发资金。

⑧ 列表说明每年购置开发设备、开发人员工资、试验检测费用，以及与开发有关的其他费用。

⑨ 现有技术资源。

⑩ 研发模式。

⑪　研发队伍的激励机制和措施。

⑫　未来 3~5 年研发资金投入和人员投入计划，列表说明。

如果已经开始生产，可以介绍一下下面的内容。

①　公司目前的年生产能力，厂房面积和生产人员数量，互联网行业则是服务器数量、研发人员和运维人员等。如果是纯互联网项目，重点基于商业模式和产品规划做分析。

②　生产方式。

③　生产设备先进程度如何，价值是多少，是否投保，最大生产能力是多少，使用寿命有多长。

④　如需增加设备，讲明采购计划、采购周期及安装调试周期。

如果是纯互联网项目，产品规划基本可以覆盖企业的商业模式了，所以可以从商业模式和产品策划的角度对产品进行分析。

5.市场或运营方案

有实物产品的企业，重点需要将产品和服务的市场发展计划详细地表示出来，主要包括产品和服务内容、定价、市场拓展方案、渠道拓展方案。

①　产品定价方式。

②　销售成本的构成。

③　销售价格制订依据和折扣政策。

④ 销售网络、广告促销、设立代理商和售后服务方面的策略和办法。

⑤ 市场方案的竞争优势与哪些因素有关。

⑥ 对销售人员采取什么样的激励和约束机制。

⑦ 竞争对手的销售方案。

⑧ 有哪些优势。

⑨ 短期销售目标。

⑩ 长期销售目标。

⑪ 列表营业额预测。

⑫ 列表说明市场份额的预测。

如果是纯互联网项目，重点阐述互联网产品运营方案。

6. 风险

这部分主要是说明创业中可能遇到的政策风险、研发风险、市场开拓风险、运营风险、财务风险、对公司关键人员依赖的风险等。侧重点是突出企业识别风险和风险管理的能力。一方面要诚实，尽量告知投资人，投资的风险在哪里；另一方面不要妄自菲薄，突出企业在应对风险时做出的努力和目前的管理措施。

7. 财务规划

财务规划是融资计划的核心要点。除去一些具有战略眼光的创业企业，其商业计划书是为了便于清晰思路而非融资之用，对于大多数创业企业而言，基本融资计划书其他内容都是为了融资而设定的。

财务规划包含营业收入模型、财务概要（主要是数据和未来计划）、融资需求和资金使用计划、退出机制设定。这里面任何一项内容都是核心要点，创业企业在撰写此部分时最好有专业人士指导。

① 融资目的和额度。

② 说明拟向投资者以什么价格出让多少股权，作价依据是什么。

③ 资金用途和使用计划。

④ 列表说明融资后项目实施计划，包括资金投入进度、效果和起止时间等。

⑤ 说明投资者可享有哪些监督和管理权力。

⑥ 说明投资者可以用哪些方式参与公司事务及参与程度。

⑦ 说明公司将为投资者提供怎样的报告（如年度损益表、资产负债表和年度审计报告）。

⑧ 说明投资的变现方式—上市、转让、回购等。

⑨ 说明融资后未来 3~5 年平均年投资回报率及有关依据。

8. 战略规划

如果企业有一个比较清晰的战略规划，也可以在计划书的最后将企业的关键运营流程和企业战略里程碑展示出来。关键运营流程设计是执行力的表现之一，拥有详细的运营流程设计，可以使创业团队在内外部运作中优质且高效。而展示未来企业的关键里程碑，以及实现里程碑的预期时间节点，则是对于企业战略的统筹和信心的表现。

8.2.3 项目路演 PPT

项目路演主要的形式有两种：传统的路演方式一般都是融资方在投资者面前进行项目的展示。而股权众筹等新兴互联网融资方式的出现，使项目路演的形式有了很大的变化。但无论是传统方式还是新兴方式，项目路演最重要的事情就是两个：一是路演人的演讲；二是项目路演 PPT 的展现。路演者的演讲能力不是一蹴而就的，此处也不展开讲，主要讲一下项目路演 PPT 的设计和展现。

项目路演 PPT 是商业计划书的大纲，是在与投资者交流时最有效的工具。一份好的项目路演 PPT 是指在仅有的篇幅下，以最短的时间、最精练的语言让投资者了解项目。一份好的项目路演 PPT 通常应该涉及商业计划书的核心内容，如前面所述。但 PPT 信息含量小，所以应该尽量突出几个重点。

1. 核心团队

简要介绍公司的主要成员，包括创始人、投资人、主要员工，以及顾问、主要客户等。投资者主要关注的是团队的经历和背景，内容的核心在于表达团队成员的过往经历能在这个项目中发挥不可或缺的作用。

2. 行业分析

包括行业的痛点和竞品分析，这部分尽量多用数据和图标来呈现。行业痛点分析的核心在于阐述自己项目存在的必要性；竞品分析主要是突出自己和竞争对手的差异化和比较优势。

如果投资人是行业的小白，最好对目标市场和用户群体也进行分析。如果投资人是专业机构出身的，又比较熟悉这个行业，尽量不要在目标用户和市场的前景上花费太大的笔墨。

3．商业模式

此部分应该详细展示出来，尤其是有颠覆式的创新项目，一定要花心思把商业模式表述清楚。处在天使阶段和种子阶段的项目，最核心部分通常就是商业模式。

4．运营数据

天使阶段和VC阶段都需要一定的数据分析，主要是用户数据和经营情况。

如果数据比较好就详细展示；如果数据很一般，尽量简明扼要地一笔带过。数据分析时也建议用图标的形式展现出来。

5．融资需求

商业计划书的收尾部分，也是PPT的点题环节，就是向投资人表明项目的财务现状和融资金额需求。之前的投入和目前的股权结构也应当写进去，打算稀释多少股权，最好也给出一个区间与投资人商榷。有些创业者会在这部分盲目地对企业进行估值，高估或低估都不太好。

6. 融资后项目发展计划

这部分也是融资需求的一个延伸，主要讲融到资金后，项目的发展计划。如果企业本身有合理的融资规划，应该能够清晰地表述融资后的资金去向和对企业发展的作用。项目的发展计划尽量不要太虚，也不要周期太长。长远的规划可以有，最好根据下一轮融资前的时间节点做详细计划。

上述部分应该是路演PPT突出展示的，最好不要超过20页。每个环节两三页即可。考虑到有些投资人可能想详细了解某些细节，可以准备一些辅助性的PPT。例如，就竞品分析部分、用户需求分析、产品运营现状等投资人可能比较关心的地方做出单独的PPT。

总体来说，项目路演PPT应当把握几个原则。

① 尽量精简。路演的时间一般都很短，一定要精简，只有这样才能完整地把项目全貌展示出来。

② 风格统一。无论是配色还是配图，尽量保持风格统一，有一个比较好的视觉呈现效果。

③ 多用图表。图表是非常直观的展现方式，也是最有说服力的。

④ 逻辑统一。商业计划书的逻辑直接决定了路演PPT的逻辑是否统一。

虽然项目路演PPT非常重要，但在路演的过程中，这毕竟是一个辅助的工具。投资人聚焦的仍然是演讲者本人，一个出色的PPT可以反映一个团队的素质，但路演的演讲更能看出创始人或团队负责人的素质。

本节所讲都是比较通用的方法，具体的还是交给专业的团队去做比较好。目前市场上存在不少专门做商业计划书和路演 PPT 的团队，可以和这些团队共同协作完成。

8.3　股权众筹

8.3.1　股权众筹流程

对于小程序创业，股权众筹将会是一个非常好的融资方式。股权众筹的流程和风险投资的流程非常接近，甚至更为复杂，因为面向的对象均是不专业的投资人群，对流程的把控就更为严格了。下面简要介绍一下股权众筹的业务流程，大致分为 6 个阶段。

1. 项目审核与发布

股权众筹的第一步就是高效率地筛选出优质项目，一般情况下由创业者和项目发起人把相关项目的基本信息、团队信息、商业计划书上传到平台，并设定拟筹资金额、可让渡的股权比例及筹款的截止日期。由投资团队对每个项目做出初步质量审核，并帮助信息不完整的项目完善必要信息，提升商业计划书的质量。项目通过审核后，创业者就可以在平台上与投资人进行联络。

股权众筹平台的标的主要为初创型企业，企业的产品和服务研发正处于起步阶段，几乎没有市场收入。在这个阶段，股权众筹平台的最大风险在于对筹资人提交的项目策划或商业计划书审核不当带来的市场风险。审核的范围具体包括但不限于真实性、完整性、可执行性，以及投资价值。

众筹平台审核通过后，在网络上发布相应的项目信息和融资信息。这个时候最大的风险是披露信息不真实的风险。

2. 选择投资人

多数股权众筹平台的核心竞争力就是专业领投人和合格跟投人，这是融资能否成功的关键所在。

领投人通常为职业投资人，在某个领域有丰富的经验，具有独立的判断力、丰富的行业资源和影响力，以及很强的风险承受能力，能够专业地协助项目完善 BP、确定估值、投资条款和融资额，协助项目路演、完成本轮跟投融资。在整个众筹的过程中，由领投人领投项目，多数情况下负责制定投资条款。

领投人一般需要履行的职责有：

① 负责项目分析、尽职调查、项目估值议价、投后管理等事宜。

② 向项目跟投人提供项目分析与尽职调查结论，帮助创业者尽快实现项目成功融资。

③ 帮助创业者协调好融资成功后的投资人关系。

④ 牵头创立合伙制企业。

从法律角度分析，股权众筹非常类似于私募股权投资基金，平台上的领投人承担前期项目调研工作和后期项目实施监督工作，并向跟投人实际提供投资，这在很大程度上已经承担了基金管理人的功能。跟投人在众筹的过程中同样扮演着重要的角色，通常情况下，跟投人不参与公司的重大决策，也不进行投资管理。跟投人通过跟投项目，获取投资回报。同时，跟投人有全部的义务和责任对项目进行审核，领投人对跟投人的投资决定不负任何责任。

这个阶段最容易出现的风险是，领投人的道德风险和投资人资质不符合带来的法律风险。前者主要体现在，例如，项目经理虚增企业估值、隐瞒企业弊端，欺骗投资人；也有项目方中饱私囊，借助项目公司发生关联交易，进行现金流体外循环，损害投资人利益。要让项目经理和项目方意识到欺诈行为付出的代价高于所获得的利益，还要加强项目方的监管力度。

首先，可以将项目经理和项目方进行信用等级的评定；其次，项目方所看好的项目，项目经理必须跟投，保证投资项目的真实性，以及后续增值服务的连贯性；再者，项目公司中的财务和高管也可以参与众筹投资，进行众筹式股权激励，将高管人员、项目方、投资方绑定在一起，形成有效的监督网络，增加项目方作假的难度。

3. 签订投资协议

传统投资机构在投项目之前，会有一个确定投资意向签订TermSheet的过程，但股权众筹平台绝大多数会省掉这个环节提高投资速度。

TermSheet 是投资人与创业企业就未来的投资合作交易所达成的原则性约定，除约定投资人对被投资企业的估值和计划投资金额外，还包括被投资企业应负的主要义务和投资者要求得到的主要权利，以及投资交易达成的前提条件等内容。TermSheet 主要约定价格和控制两个方面价格，包括企业估值、出让股份比例等，实际上就是花多少钱，买多少股。控制条款包括董事会席位、公司治理等方面。

即便在传统创投领域，TermSheet 也已经极为简化了，这样对投融双方都有利。代表性的 IDG、真格基金的一页纸 TermSheet，仅包含投资额、股权比例、董事会席位等关键条款，看上去一目了然，非常简单易懂，但股权众筹把这个环节也省了。

通常达成投资意向的人投资总额达到预期众筹额度，就会签署正式投资协议。正式投资协议是股权投资过程中的核心交易文件，包含了 TermSheet 中的主要条款，也是股权众筹融资过程中非常重要的文件。投资协议规定了投资人支付投资款的义务及其付款后获得的股东权利，并以此为基础规定了与投资人相对应的公司和创始人的权利义务。

协议内的条款可以由投融资双方根据需要选择增减。在其中，最好对投资前的有限合伙协议书或股份代持协议进行明确约定。而对于具体的受让价格，由于公司尚未上市没有一个合理的定价，也很难有同行业的参考标准，所以建议在出资入股时就在协议里约定清楚，例如，在入股协议里约定，发生这种情况时由所有股东给出一个评估价，取其中的平均值作为转让价，或约定以原始的出资价作为转让价。

4.资金交付

签完正式协议就需要提交资金了，这个过程比较简单，但法律风险很多。不同的平台的业务流程不同，有线上提交众筹意向，线下转账的；有线上直接打款投资的；有借助第三方银行托管和监管的，各有利弊。

众筹资金的交付与监管众筹资金的交付是众筹模式中比较重要的一环，筹资平台、发起人和投资者之间关于资金交付的方式及本金和孳息的归属应当予以明确。众筹平台不仅是项目信息的发布者，也是实际筹资阶段发起者与投资人的链接点，为众筹资金的转移提供管理和给付服务。

众筹资金通过网络支付至众筹平台指定的账户中，众筹平台负责对该预付款或出资进行保管和监督。筹资期限届满且众筹资金达到预定的金额，则视为项目投资活动成功，众筹平台应将筹集资金转付给发起人，并由发起人向投资人出具合同生效证明或由发起人组织验资，并向投资人颁发出资证明书。

众筹资金转移给发起人的方式可分为一次性支付和分期支付，前者在项目资金募集到位后由平台公司一次性交付给发起人；后者则在项目资金募集完毕后仅支付项目启动资金，在项目实际执行后再按照项目公告中的计划安排一次或多次支付剩余资金。

无论是一次性支付还是分期支付，众筹平台都可以和发起人协议按比例保留一定数额的保证金，并通过与项目信息同时公告的方式告知投资人，该保证金将在日后转化为众筹平台的全部或部分服务费。

为确保众筹资金的安全，已有不少人士建议加强资金监管，例如，众筹平台内部应明确资金转账流程，确认每一步资金的到位情况、责任人情况；投资人支付的众筹资金应存入委托监管的银行的监控账户中，并由银行对该转账账户的专款专用情况进行监控，按时出具托管报告，向监管部门提交；众筹平台应完善与发起人的沟通机制，及时向发起人通报资金筹集情况，并在资金到位后与发起人协作完成监管账户资金的交付；完善信息平台公告机制，及时向所有项目投资人公告资金筹集进度及支付情况等。另外，鉴于对众筹资金的保管，众筹平台会收到自监管账户收到第一笔众筹资金起至最后一笔资金支付给发起人止，因众筹资金所产生的利息。

从法律的角度讲，投资人应为该等孳息所对应的众筹资金的所有权人，若筹资失败（即意味着项目公司或有限合伙企业未设立），则众筹平台应当返还投资人的出资及对应的利息，低于合同补偿约定的部分由发起人支付；若筹资成功，则众筹资金应作为公司的注册资本或合伙企业的实缴资本，对应的利息应计入公司的资本公积或合伙企业的实缴资本（按出资比例分配），不存在返还的问题。

5.设立有限合伙企业

我国《公司法》要求非上市公司股东人数不能超 200 人，有限责任公司股东人数不得超过 50 人。《证券法》规定，向"不特定对象发行证券"以及"向特定对象发行证券累计超过 200 人"的行为属于公开发行证券，必须通过证监会核准，由证券公司承销。所以，为了使投资人的上限不受限制，股权众筹只能采取设立有限合伙企业的方式。

绝大多数的股权众筹会采用设立有限合伙企业入股企业的方式，让参与合投的领投人和跟投人入股。投资人先组建有限合伙企业，领投人作为 GP，跟投人作为 LP，再通过有限合伙企业整体入股创业公司，也即借用有限合伙制的"壳"。这样一来就可以规避股权众筹最容易出现的法律风险。

从税务风险的角度考虑，这种有限合伙形式也可有效避免双重税负。主要因为有限合伙企业是所得税纳税主体，合伙制企业采取"先分后税"的方式，由合伙人分别缴纳个人所得税（合伙人为自然人）或企业所得税（合伙人为法人），合伙企业如不分配利润，合伙企业和合伙人均无须交纳所得税。

同时，从公司治理风险的角度看，LP 通过签订代持协议的形式入股，领投人负责代持并担任创业企业董事，也能够有效避免未来公司治理的混乱。

也有平台采取委托持股的方式，也就是说参与众筹股东不亲自持有股份，而是由某一个实名股东代为持有。在法律实践的过程中，股权代持对被代持方是有潜在风险的，不建议采用这种方式，对投资人不利，也会进而产生别的问题。而且，代持的方式不利于通过合理的方式参与众筹的股东参与企业的经营和决策，其实这就违背了股权众筹的初衷。

在失败的众筹案例中，绝大多数是因为公司治理的问题。所有人都参与不是一个好选择，都不参与也不是一个好选择。有限合伙公司里的 GP，也即领投方，为普通合伙人，一般都是专业投资人，可以代表其他 LP 行使指导企业发展的权力。

而其他 LP 可以通过普通合伙人表达自己的意见，对项目同样可以间接行使监督的权力。类似于地方人民代表大会通过民选，选出全国人大代表。但地方代表通过监督全国人大代表来行使间接参政的企图，这个是同样的道理。LP 把意见统一给普通合伙人，GP 代表大家参加项目公司的股东会和董事会，并对项目发展予以建议，行使其在公司里的表决权和投票权。

项目公司应当保证投资人对经营状况有知情权，股权众筹通常没有信任基础，所以项目方必须有足够的信息披露、法律和审计等第三方监督的机制，领投方应当有足够的义务帮助双方进行充分对接。

6. 投后管理与退出

传统投资机构通常会利用自身的经验与资源为创业者提供投后管理服务，这样可以帮助创业企业更快成长，所以很多时候选择一家投资机构就是选择了其背后庞大的资源。股权众筹平台多数不具备这样的实力，所以很少的平台有能力做名副其实的投后管理。一般来说，投后管理服务包括发展战略及产品定位辅导、财务及法务辅导、帮助企业招聘人才、帮助企业拓展业务、帮助企业再融资等方面。股权众筹平台自己都是初创企业，哪里有资金和人才储备为企业进行投后管理。

至于退出，多数参与股权众筹的项目的退出方式是比较少的。众筹平台对外宣称的投资者的主要退出方式有 4 种。

① 上市，通过 IPO 上市不是众筹项目的主要退出方式，因为众筹的项目一般是初期项目，做到 IPO 的可能性不是特别大，在 IPO 之前肯定会对股权结构进行整理，涉及穿透问题，很多企业选择在上市前以合理公允的价格收购众筹投资者的股份。

② 被并购，这种方式是众筹投资者常见的退出方式，因为项目公司经过一段时间的融资和发展，有了一定的规模和优势，很容易成为同领域实力较强公司的并购对象。

③ 大股东或公司回购，这种方式主要适用于投资协议中约定的触发大股东或公司回购的条款，一般是大股东或者公司违反投资协议的约定，投资者可以选择被收购或者继续持有。

④ 其他方式，例如，"新四板"市场的流通，但"新四板"的流动性很差，这种退出方式目前还处在探索阶段，没有实际意义。

虽然，只有完成了有效的退出才能将初创企业成长所带来的账面增值转换为投资人的实际收益，但股权众筹项目的三方参与者都应该清楚，项目顺利退出的概率有多少。如果能够顺利退出，就需要考虑退出时的税收问题。

目前，众筹平台一般选择将所有的投资者打包成一个有限合伙企业、投资融资公司，这么做的目的主要是可以节省税收，方便管理。退出时建议有限合伙代扣代缴个人所得税，领投人不直接进入有限合伙企业，而是由平台控制的人进入有限合伙企业担任有限合伙的普通合伙人。其主要原因在于，很多领投机构不愿意和小额投资人一起组建有限合伙，更愿意成为融资公司的直接股东。这时，平台不得不找一个靠谱的人作为投资主体有限合伙的普通合伙人。

如果在退出时未代扣代缴税费，很有可能引起后来的税务纠纷，需要普通合伙人承担连带责任，所以建议在退出时，有限合伙企业代扣代缴个人所得税，以避免以后的税务纠纷，引起不必要的麻烦。

虽然股权投资者一般对项目分红不看重，更看重的是未来企业上市后企业股权的高溢价，但极少项目能走到这一步。为了避免投资者的预期无法得到回报后产生不必要的纠纷，尽量做到项目众筹流程合规，然后进行定期信息披露，使投资者了解资金是否用到约定的用途，并了解项目的进展状况。

信息披露包括上线前信息披露和上线后信息披露。上线前主要披露的内容为公司的基本情况；公司董事、监事、高级管理人员、核心技术人员基本信息及其持股情况；公司业务和技术（含知识产权）情况；公司治理情况；公司财务会计信息（如有，需经第三方审计）；募集资金的目的及用途；其他需对外披露的信息。

上线后的信息披露义务分为定期信息披露和临时信息披露，定期信息披露包括年度报告和季度报告，年度报告一般要求审计机构审计。临时信息披露主要包括经营方针和经营范围的重大变化；发生或预计发生重大亏损、重大损失；合并、分立、解散及破产；控股股东或实际控制人发生变更；重大资产重组；重大关联交易；重大或有事项，包括但不限于重大诉讼、重大仲裁、重大担保；法院裁定禁止有控制权的大股东转让其所持公司股份；董事长或总经理发生变动；变更会计师事务所；主要银行账号被冻结，正常经营活动受到影响；因涉嫌违反法律、法规被有关部门调查或受到行政处罚；涉及公司增资扩股和公开发行股票的有关事项；其他经平台决定，或经股东会决议要求融资人披露的事项。

信息披露的起止日期自融资人向平台发起融资项目之日起，至融资人与投资人共同声明投资人股份已完全退出或项目公司在任何国内外交易所上市交易（以下简称"IPO"）之日止。

信息披露过程中，平台主要是督促作用，融资公司要认真准备信息披露内容，指定专人进行项目投资后与投资人、平台的沟通。

由于众筹投资者较多，很难了解每个人的背景，考虑到这一点平台一般不会将融资公司提交内容完全披露给投资者，而是将投资者关心的事项拟定一个模板，让融资公司填写，然后披露给投资人，这样既让投资者了解项目的真实进展以及关键数据，也不至于过多的泄露项目资料。

上述是股权众筹的主要流程，通过对操作流程的熟知，可以使创业企业融资机制更加完善，更有利于掌握融资进度。实践中，不同的众筹平台项目操作流程也不一致，例如人人投的流程为：

① 项目方提交项目至人人投总部，人人投总部会经过七层严格审核。

② 项目审核通过之后，人人投就会对项目进行全方位包装，并及时上线预热、融资。

③ 项目融资期间，投资人（注：绑定易宝支付）选择自己心仪的项目进行投资，投资金额一律打入第三方支付平台——易宝支付。

④ 项目融资成功后，项目方会向人人投总部提出资金申请，与此同时，项目方与投资人签订一式三份的《合伙协议》。

⑤ 审核通过之后，人人投总部同意放款。项目方拿到资金便开始选址、装修店铺及采购原材料直至店铺正常营业，期间，项目方将每笔收支费用整理成表，通过 QQ、短信等方式发送至每位股东手中，以便及时了解店铺的最新动态。

⑥ 店铺正常营业之后，人人投自主研发的财务监管软件随时都会监管到项目方每一笔资金的流向。

8.3.2 股权众筹实操

1.确定项目可行性

不是所有的小程序创业都适合股权众筹，首先应当看项目是否具有可行性。

（1）是否具有投资价值

股权众筹的投资人和专业投资人不同。在专业投资人眼中，更多会从行业、估值、项目财务状况、团队等很多方面来评估，是否具有投资价值。非专业的投资人虽然也会分析这些，但是会侧重创始人和项目本身是否对胃口。

一般而言，高科技、文娱类和有格调的实体店这种众筹成功的难度会小一些。很多在专业投资人眼中看起来相当不错的项目，大众投资人未必会喜欢，视角是完全不同的。

专业投资人更多地关注投资回报率ROIC，也就是资金投入产出比。通过投资回报率来评估一个公司的价值创造能力。

但是股权众筹的投资人，很多是抱着想和创业者一起做件事情的心态参与进来的。可能创业者做的事情，原本他也想做，只是没有时间或者一个人势单力薄。

所以创业者去做股权众筹，首先需要让这些非专业的投资人能够找到项目的价值。当然，回报好也是很多投资人看重的事情。

（2）是否适合股权众筹

首先看项目需求。股权众筹以筹资金为主，但也需要筹人、筹智、筹资源。

例如筹人，如果众筹项目的产品消费者和股权众筹的投资者有一定比例的重合，就可以选择股权众筹的方式来融资。某平台上线项目主营业务是生产减肥药，经过众筹将一部分投资者转化为消费者甚至是代理商，为其产品推广奠定了很好的基础。

但股权众筹需要项目公司半公开化，进行定期的信息披露，还需要与众筹项目支持者有长期、良好的互动，会增加项目公司很多的负担，如果企业不能承担这样的额外负担，应当建议其放弃。

其次看资金规模。股权众筹一般是小额投资，投资金额一般集中在 5 万 ~20 万元，为了方便项目公司管理，以及优化项目公司股权结构，众筹投资者一般以有限合伙的形式入股项目公司，有限合伙的人数限制是 2~50 人，如果平均投资金额在 10 万元，募资金额最多是 500 万元。因此，股权众筹比较适合融资金额在 200 万 ~500 万元的项目。

第三看项目阶段。很多人认为股权众筹适合获取种子资金，此言不假，但凡事过犹不及，如果项目是尚未启动的，其实很难成功地融到资。股权众筹的投资者是普通的中产阶级，其风险承受能力较小，项目失败波及的投资者较多，从道德的角度和对股权众筹行业生态的角度考虑，也不太适合股权众筹。最适合的阶段是项目已经初步启动，而且创始人已经有一定的时间和资金的投入。

最后看项目类型。太生僻的项目不合适。股权众筹小额、大众的特点造成参与项目资料及产品的公开化，如果专业性、技术性太强，在日常生活中应用范围不广泛，很难得到股权众筹投资者的关注，因此太生僻的项目不适合股权众筹，建议去找专业的、比较懂相同行业的机构去融资。

商业秘密容易被窃取的项目不要股权众筹，股权众筹通常意味着很长一段时间要半公开化，如果项目门槛不高又重在创意很容易被抄袭。即便是已经研发完毕的技术，也容易通过反向工程泄露商业秘密。

2. 选择合适的股权众筹平台

不同股权众筹平台的强项不同，聚集的投资人的偏好也不同。最主要的是不同的股权众筹平台融资的成本不同，收益也不同，所以需要仔细考虑。

股权众筹平台分类方法有很多种，站在企业的角度看，主要需要考虑股权众筹平台聚焦的行业和资源集中的领域。例如，头狼金服主要聚焦互联网金融领域，36氪（36Kr）比较擅长科技类项目，牛头网比较擅长TMT类项目。

合适的众筹平台会给项目的融资带来事半功倍的效果，会给项目的发展锦上添花。有些实体企业也想通过股权众筹的方式融资，可以选擅长实体店铺众筹的平台。专门做店铺众筹的垂直平台有人人投和乐投天下等，人人投和乐投天下的区别在于人人投审核条件相对宽松，众投天下可能会要求店铺至少已经有5~10个分店，才有可能经过审批。选对众筹平台会给项目带来不可或缺的资源。

股权众筹一般采用领投＋跟投的模式，领投机构的资源也是对企业的发展很有帮助的。领投机构有两种，一种是股权众筹平台同一集团下的投资机构；另一种是股权众筹平台为了拓展项目来源达成战略合作的机构。一般而言企业通过众筹平台融资，首先需要经过众筹平台审核，成功后有的还需要自己寻找合适的领投机构，时间周期可能会很长，可能一年都不能顺利实施股权众筹计划，很多项目就是因为找不到合适的领投机构而无法实施股权众筹计划。任何一个领投机构都有自己擅长的投资领域，尤其是聚焦专一行业的投资机构，一般很熟悉该领域的痛点和机会，而且通常所投项目可以覆盖整个产业链。

3. 应对平台的尽职调查

目前，股权众筹平台所上线的项目大多数公司属于早期的创业投资范畴，如种子期投资、天使投资和风险投资，公司基本上处于始创阶段。这类型公司的特点是公司成立时间短，对外发生的业务规模较小，资产结构不复杂，固定资产比较少，公司内部的运行不规范等。针对这种情况，尽职调查的重点和目标也应随着这类公司的类型和早期创业投资的特点进行调整。

（1）针对公司股权结构和法人治理尽调

平台的尽调重点是查证：包括公司章程中决策机制和程序以及是否存在股东代持、团队持股和股权奖励安排。

项目团队要保证其章程中的决策权集中在创始人其中的一人手中，程序要绝对简单，这样公司决策会效率很高，公司管理及决策机制会很高效，目前多数初创公司的团队持股计划以及股权奖励安排停留在口头约定层面，这些在后期将对公司的融资和股权产生很多不必要的纠纷，团队的稳定性还会受到影响，因此项目公司在应对尽职调查时要将详细的团队持股以及股权激励方案通过法律手段，纳入公司章程或者其他的有效法律文件中。

（2）针对资产完整性的尽职调查

主要调查和了解公司的无形资产。查证重点是知识产权来源和权属情况。目前由于初创企业法律意识淡薄，经常会将知识产权许可证等不完整的知识产权作为无形资产支出。公司在进行产品和技术开发外包时，容易造成公司知识产权的流失，项目公司在融资的时候要禁止以上情况的发生。

（3）针对公司债务

主要是查证公司与股东之间的债权债务关系，以及主要股东的债务情况和资信等级。因为初创企业一般会存在将一部分成本记在股东公司名下，或者公司股东会借给初创企业一部分资金等情况，在应对平台尽调时，建议公司一定要理清这部分债权债务关系，说清楚借钱的用途以及是否按照用途使用。另外公司会防范已经资不抵债的主要股东虚设债权债务关系抽逃出资，或者借项目圈钱等情况的发生。

（4）针对项目公司的法律尽调

主要尽调要点是不正当竞争所造成的法律风险和诉讼。初创公司在进行融资之前一定要有较强的法律意识，杜绝侵犯其他公司的知识产权，在竞争中禁止采用不正当竞争行为。这些行为容易引起潜在的法律纠纷和诉讼。

（5）针对项目公司团队的尽调

针对团队的尽调，平台一般会采取经营团队个别访谈和公司员工抽样访谈的方式，平台的每次访谈会问不少于 20 个关键问题，访谈部门一般超过 5 个以上。在应对项目公司团队尽调过程中，公司应该提前和履历证明人沟通，提前告知近期会有人要对其进行访谈，团队成员应尽量避免自己以前的违法记录或道德和信用有瑕疵的记录出现。

（6）第三方机构的尽职调查

平台会委托律师事务所以及会计师事务所对项目公司进行尽职调查，应该提前准备好第三方机构需要的资料，在尽调过程中要实话实说，问到的才回答，不问的不多说。以真诚的态度对待第三方机构的尽职调查，提出的建议要及时整改。

4.面对投资人的项目路演

这个和风险投资机构不同，风投的尽调方和投资方通常是一个机构。但股权众筹多是领投＋跟投模式，尽调的人和路演的对象不是一类人，和给风险投资机构看的商业计划书也不同，众筹项目的商业计划书有其独特性。

（1）平民化

目前股权众筹的投资者主要是个人投资者，因此股权众筹的商业计划书要和递交给专业投资机构的有区别，要去权威化，在严谨的商业计划书的基础上，提炼出核心关注点和精髓，做成可供大众投资者理解的材料，进而宣传推广项目。

（2）具有招股说明书的属性

招股说明书是就融资或发行股票中的有关事项向公众做出披露，并向非特定投资人提出入股邀约的邀请性文件。商业计划书是向少数特定投资人进行融资或其他目的而制作的文件，而招股说明书是用于公开融资招募股东而制作的文件。因此商业计划书也有招股的属性，招股说明书的结构、要点、披露范围等对股权众筹的商业计划书具有重要的参考意义。

（3）特有内容和投资人的福利

股权众筹项目的产品设计，要有特色地设计投资人权益、参与机会和资源利用，在其商业计划书中则需要对这些设计的内容进行表述和披露。包括但不限于向投资人免费赠送一些新产品、给投资人试用的机会、提供特别 VIP 的待遇等，让出资人更深刻地认识到新产品的作用和意义，同时利用投资人的社会关系来有效地扩大新产品的影响力，开拓销售渠道。

（4）需要符合众筹平台的要求与规范

股权众筹一般是通过平台来进行的，可以充分利用到平台的标准化服务，利用到平台的广泛资源型群体，这其中就包括遵从商业计划书的要求与规范。融资不通过平台来进行，可能每个人表述一个项目的角度和详略都不同，通过平台，就一致而规范了。

众筹项目是否能够融资成功，一方面取决于项目本身，另一方面取决于平台的传播与背书属性。做众筹平台的商业计划书，不但要方便在线浏览，还要方便传播。

（5）融资过程中要不断更新

传统的商业计划书通过纸质或者文件来传递，只要发出来就已经过时，因为企业一直在变化和成长中。股权众筹平台一般都是一个互联网在线平台，项目方可以随时更新、补充项目资料，保持重要事项的更新和同步。

补充的信息可以是产品进展、团队变化、市场反馈，也可以是融资过程中其他投资人的反馈与评价、实现的融资进展。最新的资料和及时的互动往往是产生信任感、促进投资人做出投资决定的重要因素。

股权众筹平台使用的路演PPT和普通的项目路演PPT没有本质区别，只不过风险投资者更为理性，普通投资者比较感性，可以在设计风格上稍作调整。

实际操作中，股权众筹平台为了提高项目融资的成功率，会采取提前预热和上线秒杀的办法，路演环节会比较复杂，有时会采取线上、线下结合的方式。下面以某平台的常规流程为例进行讲解。

首先，准备有关项目预热的所有资料，包括项目路演PPT、领投机构或平台的尽职调查报告、平台的投资建议书、项目简介。

其次，建立投资人微信群，包括已经投过平台项目的老投资人、项目公司推荐的投资人，以及平台自己渠道开发的新投资人。如果一个群中人太多，可以建多个微信群。

第三，在微信群中发送项目 PPT 以及项目简介，提醒对项目感兴趣的可以联系客服，获取尽职调查报告以及投资建议书，并在群里公布线下路演的时间，请感兴趣的投资者报名参加。

第四，按期举行线下路演，并录制视频，同一时间将视频资料转化成音频。

第五，将音频及视频链接发送至微信群，供合格投资人了解项目。

第六，进行微信路演，原因是有些投资者未参加线下的会议路演，看完视频资料后会有一些疑问，需要和项目公司 CEO 交流，所以需要进行一次微信群路演。

第七，客户经理联系客户，进行投资预报名。

第八，如果对项目投资预报名总额不是特别满意，可以组织意向投资者到项目公司走访，近距离地了解项目以及项目发展现状，进而坚定投资意向。

第九，每日汇总预报名总金额，如果超过计划募集金额的30%，这时可以进行线上意向金打款。一般会在 1 天内募满，如果项目比较受欢迎，平台会和项目方沟通，是否接受超募，如果可以接受超募，就可以让更多的投资人入围。

第十，意向金打款完成后，和项目公司确定最终的投资人名单，然后通知打全款，开始投后流程。

参 考 文 献

[01] [美] 罗伯特·斯考伯，[美] 谢尔·伊斯雷尔.即将到来的场景时代.赵乾坤，周宝曜译.北京：北京联合出版公司，2014.

[02] 龚焱.精益创业方法论.北京：机械工业出版社，2015.

[03] [美] 埃里克·莱斯（Eric Ries）.精益创业.吴彤译.北京：中信出版社，2012.

[04] [美] 艾·里斯（Al Ries），[美] 杰克·特劳特（Jack Trout）.定位.谢伟山，苑爱冬译.北京：机械工业出版社，2011.

[05] [韩] W.钱·金，[美] 勒妮·莫博涅.蓝海战略.扩展版.吉宓译.北京：商务印书馆，2016.

[06] [美] 克里斯·安德森（Chris Anderson）.长尾理论.北京：中信出版集团，2015.

[07] [美] 马丁·里维斯，[挪] 纳特·汉拿斯，[印] 詹美贾亚·辛哈（Janmejaya Sinha）.战略的本质.王喆，韩阳译.北京：中信出版集团，2016.

[08] 魏炜，朱武祥.发现商业模式.北京：机械工业出版社，2009.

[09] 龚焱，郝亚洲.价值革命.北京：机械工业出版社，2016.

[10] [瑞士] 亚历山大·奥斯特瓦德.商业模式新生代.黄涛，郁婧译.北京：机械工业出版社，2016.

[11] 谢晓萍等.微信力量.北京：机械工业出版社，2015.

[12] [美] Jesse James Garrett.用户体验要素.范晓燕译.北京：机械工业出版社，2016.

[13] 范冰.增长黑客.北京：电子工业出版社，2015.

[14] 李善友.产品型社群.北京：机械工业出版社，2015.

[15] 智军.社群运营.北京：机械工业出版社，2015.

[16] 刘向南，罗建斌.创投律师.北京：法律出版社，2017.

[17] 段永朝.互联网思想十讲.北京：商务印书馆，2014.

[18] https://minapp.com/miniapp/ 网站名：知晓程序，本书所涉小程序开发文档，运营规范，设计指南三类官方资料和张小龙公开演讲和微信会议纪要均源自于此